下班后赚更多
提前享受人生的投资术

艾尔文 ◎ 著

文化发展出版社
Cultural Development Press
·北京·

【作者序】
写给每个想要理财的人

本书出版前，我跟大部分人一样是领着薪水度日的上班族。如今，我已经能够依靠自己的投资收入及被动收入过我想要的生活；我可以选择为自己工作，在上班日到无人的电影院欣赏电影，或是避开假日人潮到郊区游玩。我的时间可自由支配，我的人生可以由自己掌握。

能够现在就拥有这样的生活，是因为我提早开始自动化理财。

问你一个问题：你觉得在投资理财上成功是件简单的事吗？在回答这个问题前，先提供我从别人身上观察到的现象：多数人对理财都不太擅长。为何会如此？照理说人们的理财能力都应该有一定水准，每年有超过百本的理财书被出版，电视台也经常播放以理财为主题的节目，但为何那么多人还是不知道该如何理财？或是对理财感到排斥，害怕投资？

我的看法是：过多的理财资讯充斥在你我身边，反而将简单又有效的方法给掩盖住了！

投资理财其实可以很简单，这是我超过十年经验得来的体会；只是当我还是理财新手时，我并不这么认为。起初，我是个喜欢追求复杂理财方法的人，就好像早一辈人认为生病要吃苦药才有效，我以为理财就是要复杂，不然肯定无效；投资也是，以为要深奥的数学计算才叫投资分析，要掌握少数人知道的资讯才会赚钱。

后来随着经验累积，我才发现过往的理财行为中，许多"招数"根本可以省略不用，甚至会因为多余的行为损失更多金钱。

虽然多年前的我还是上班族，但可别误会这是一本教人快速致富的书，我并非短短几年就达到这般成果，在那之前我已经累计超过六年的投资经验，前后的理财时间加总长达十五年，虽然过程中我在没有效率的方法上花了很多时间，不过有一点可以确定，过去的理财方法帮助我拥有了今天的生活。然而，如果让我重来一次，我会舍去那些不需要的过程，采用省力又有效的理财方法，直接打造我的自动化理财系统。就如同现在可以不用花心思去管理财务，不用花时间去操作投资部位，它们仍然会照计划自动运转。

这本书也就是为此而生的，虽然我无法重新走理财路，但我知道有许多人跟我当初一样，正在尝试各种理财方法却仍无明显成效，或是想要学习理财却不知从何开始，如果你是其中一位，我坚信此书能够帮你缩短摸索时间，提前找到受用一辈子的理财方法。

富朋友理财笔记站长

前　言 | 因为理财，我的人生更自由……………8

CHAPTER 1

存小钱靠记账，赚大钱靠投资
30岁前拥有财务自由的人生

学生时就勤记账，10万元本金这样来 ………16
大四开始的投资人生…………………………18
巴菲特教我的事，抱着好股，钱自动流进来……20
收入不会让你致富，储蓄与投资才会……………22

CHAPTER 2　存下50%年收的富朋友记账法

你有多少钱可以用来理财？记账的重要性！……26
记账记在收入进来前，事前规划是重点！………30
记账绝不只是要省钱……………………………34
透过记账设定消费警戒线………………………37
记账不能只是记录，要揪出无法存钱的关键……40
掌握记账3原则，扭转你的财务状况　………43
5个小技巧，记账效率立即提升…………………47
COLUMN 理财练习题　抓出存钱罐里的漏财虫 ……51

Contents

CHAPTER 3　让收入变储金的现金流管理秘籍

最珍贵的理财建议：先支付给自己……………58
为什么需要存钱？而且越快开始越好！…………62
紧急预备金的重要性跟你想的不一样……………68
紧急预备金多少才够？……………………………71
紧急预备金该存在哪？……………………………75
负债的人怎么准备紧急预备金？…………………77
面对它吧！个人预算真的很重要…………………81
最轻松的预算规划：功能账户理财法……………85
3个步骤学会功能账户理财法 ……………………87
3个特点让你财务更自由 …………………………92
功能账户理财法的存钱比例可以调整吗？………95
你的存钱效率有多高？一定要关心的理财指标…98
贷款都是用生命换来的…………………………… 103
信用卡是刷掉你的信用，还是刷掉你口袋里的钱？105
为何提前还清贷款如此重要？…………………… 109
滚雪球还债法，提早跟负债说拜拜……………… 115
建立个人自动化存钱系统………………………… 119
信封理财法，居家预算好帮手…………………… 126
善用零存整付，强化你的理财效率……………… 132
阶梯式存钱法，善用10块钱每年多存1万 … 135

COLUMN 理财练习题　定做个人专属的现金流分配地图 139

CHAPTER 4 提早20年享受人生的稳健投资术

- 赚钱形态有3种，你的是哪一种？ ………… 144
- 投资股票能不能是种被动收入？ ………… 149
- 2个关键，搞清楚前别说你懂复利 ………… 156
- 投资就像打高尔夫球，先把球稳稳打进洞里… 162
- 投资要遵守的3原则 ………… 165
- 投资100元，你也是公司股东 ………… 170
- 4个问题找出值得投资的好公司 ………… 173
- 检视好公司的财务指标：ROE ………… 180
- 稳定的ROE等于是获利翻倍 ………… 185

Contents

常见的股票投资偏见，先搞懂才会赚………… 190
挖掘好公司的价值公式 1　平均值利率估价法　197
挖掘好公司的价值公式 2　预期 ROE 估价法　201
好公司趁打折买，开心领股息一辈子………… 204
上涨下跌都放心的投资策略………………… 210
不工作，更自由，打造被动收入不是梦……… 212
没有资本，照样能拥有被动收入…………… 214
比"如何赚"被动收入更重要的事…………… 218
COLUMN 理财练习题　建立个人股票投资 SOP… 222

【前言】
因为理财，
我的人生更自由

我永远忘不了这一天，2008年7月29日。

当时美国次级房贷引起的全球金融海啸正要来到最大浪头，距雷曼兄弟宣布倒闭引起的股市大跌还有两个月，但一个可能改变我人生的危机却先突袭了我。

一场意外带来的警惕

那天早上我依平时作息起床，由于要提早到公司，所以我略过每天的晨读，在浴室盥洗后便拿起包出门。也许是工作较繁忙，当时我只觉得没睡饱，眼睛有些疲累，但还是沿着楼梯走下楼，骑上陪了我一年的二手机车，一个回转到对向车道准备加油门往公司骑去。

就在那时，我的手不自觉按下刹车，因为我发觉眼前熟悉的街道跟平时不一样！映入眼帘的全是"一对"的影像：两台一模一样的车子、两个一模一样的路边招牌，连马路中央的交通线也分为两个。奇怪的是，两两成对的影像中有一个只是残影。当下我就知道不对劲，于是赶紧回到住处，这时上楼才发现刚刚走过的楼梯也变成双重影像，此时才想起为何昨晚睡前看电视特别吃力，字幕比以往还不清楚。

跟公司请假后，我马上去医院挂号找眼科医生检查。后来确诊是大脑里掌管右眼肌肉的脑神经中风麻痹，俗称"复视"，这会造成眼睛所见的物品都变成两个。当时医生说这种症状只能等待自行好转，最坏的情况就是一辈子都这样。那年，我才满28岁，我的人生还有很长的路要走。

后来，我跟公司请了长假，心想会不会是这阵子工作太忙，一直盯着电脑检查工程电路的关系。当下我只希望我的眼睛能快点复原，虽然我不知道这天什么时候才会来，或是根本不会来，但是每天早上起床的第一个念头就是盯着天花板，眨眨眼睛看看照明灯是一个还是两个影像。很可惜，那段日子所有物品在我眼里始终是两个，我心中也开始盘算是不是有可能失去依赖双眼的工作。

虽然我并不担心短期没有工作，因为那时我在股票上的投资已经有不错的回报，加上学生时代就开始存钱理财，所以银行里有一定的金额可支撑我生活。不过如果我的眼睛真的一辈子都无法恢复，势必要提早面对收入来源的改变，以及收入减少的可能。

很幸运的是，这种凡事都看到一对影像的生活只是暂时的，约一个月后我眼前看到的两个影像终于合体，我的眼睛恢复正常，生活开始重新步上正常轨道。

单一收入形态并不安全

然而，我心里却对这突然出现的工作危机仍抱着极大的不安全感，我开始思考工作收入形态对我人生的重要性，以及生活需仰赖薪资收入带来的不确定性。我知道我必须更积极地理财，让我的投资收入更稳、更多，让我的收入来源更广泛。眼睛康复后，我除了比以往更积极地投资理财外，也开始整理过去学到的各种投资理财观念，并且优化理财系统，提高存钱效率，希望能加快我迈向不同阶段的财务自由。

2011年年底，我在逐渐实现不同阶段的财务自由目标的同时，开始试着将自己结合存钱与投资的自动化理财心得分享在博客上，取名叫"富朋友理财笔记"，希望用协助别人理财的心态来分享我的理财观。

起初，我只是跟周围好友分享这些内容，没想到网络上有越来越多的人来到我的网站并认同我分享的观念，每日浏览人数也从几十人开始，增加到每日几千人、最高单日破万人，而我的电子信箱里也收到越来越多询问理财方法的信件，有的是因为领第一份薪水后开始想要存钱理财，有的是夫妻想要共建美好的理财蓝图，有的是希望透过投资累积更多财富，也有的是因为深陷债务危机不知该怎么办。

我的方法，让你理财更轻松

如果你看完我的故事也开始意识到投资理财的重要性，或是提早退休、财务自由原本就是你盼望的事，抑或你始终找不到改善自己财务的方法，本书介绍的理财观念与建言会是你所需要的。**无论你是刚领第一份薪水的人，还是在职场工作多年的老鸟，也不管你的身份是上班族、创业家、学生或是主管家务的人，书中的方法都可以提升你或你的家庭对财务的掌握度。**从我独自研究的记账方法让你能够存到更多钱，到一步一步检视收入现金流、改善财务体质、建立完善的财务保护网，最后透过稳健的长期投资策略帮自己建立多重收入来源，完成一整个自动化的理财系统。

这套建立自动化理财系统的步骤不仅简单，也是我亲自验证过而且一直在实践的理财方式，它让我的财务能够自主，也让我对生活更加满意，可以选择自己热爱的工作又不用担心收入不足；书中每个让财富增长的方式都很简单、易懂，唯一需要的就是你付诸行动，踏出学习改变的那一步。相信只要你肯花时间执行，就能打造出专属于自己的自动化理财系统，让存钱跟投资理财都变得更轻松，让你能够提早退休，提早实现财务自由。

本书集结我过去十多年的理财经验，以及从辅导他人理财过程中观察出一般人缺少的理财知识，一步步将自动化理财的方法整理出来。本书可分为四章：第一章描写我是如何从零到有开始踏入投资理财的世界，拿着学生时代存到的十万元开始我的投资人生；第二章将告诉你为何记账是投资理财最重要的基本功，如何透过记账让你不需增加收入就可以存下更多的钱；第三章是教你如何把财务体质调整到最好，为自动化理财系统打下基础，每个月存下固定的钱去投资，让自己的财富资产稳定成长，不会被突然来的紧急花费给打断；第四章是实现财务自由的关键，在这部分我会分享如何用不复杂的稳健投资策略，让你每月存下的钱复利增长，建立投资收入来源，打下财务自由的根基。

现在，就一起跟着此书往财务自由迈进吧！

富朋友语录

与其靠老板加薪去理财，
不如靠自己理财来加薪。

因为理财，我的人生更自由

理财自我检视

阅读第1章前试着回答以下问题，更能帮助自己学习理财知识。

Q. 每月存钱占总收入比例？（如收入3万元存3000元，就填10%）

现在 _____ %　　　目标希望存到 _____ %

Q. 以当前物价来衡量，每月需要多少收入才能退休？

我每月需要至少 _____ 元来支付基本生活费（R）

若考量每年平均上涨2%的物价指数，上面每月所需变成：

10年后，我 ____ 岁，需要R × 1.2 = _____ 元才能退休

20年后，我 ____ 岁，需要R × 1.5 = _____ 元才能退休

30年后，我 ____ 岁，需要R × 1.8 = _____ 元才能退休

40年后，我 ____ 岁，需要R × 2.2 = _____ 元才能退休

Q. 如果手边突然多出10万元你会如何运用？

提醒：阅读完整本书后，记得再回来此页对照原先想法。

1

存小钱靠记账,赚大钱靠投资

30 岁前
拥有财务自由的人生

回顾我十多年的投资理财经验，
记账与存钱可以说是最重要的基本功。
记账犹如编制个人的财务地图，
透过定期记录收支掌握金钱流向与消费习惯，
找出最有效率的存钱方法。
然而，单靠收入与存钱并无法致富，
还需要靠稳健的投资，才能让存款从小钱滚成大钱。
若能再发展出专属的自动化理财系统，
将让理财变得更轻松，早日达成财务自由的目标。

学生时就勤记账，10万元本金这样来

读研究生时我就开始为投资做准备，还记得那时为了存钱，我告诉自己要少花钱买饮料喝。当时我算过，如果一星期少喝一次15元的饮料，一年至少多存780元；少喝五次，一年就可以存下近4000元。要知道，4000元对一个学生来说可以做很多事，所以当时我就下定决心：除非真的受不了，绝不花钱买饮料喝。既然都下决心了，也就开始过着每天带空瓶到学校装水喝的生活。一年过去后，你觉得我有没有存到钱？还真的有！而且存下来的钱超过原本预计的4000元，算算那一年我才花不到十次钱去买饮料。为什么我会记得那么清楚？当然不是刻意去计算每天有没有买饮料，是因为我持续在记账。也因为有记账，所以每天回到家记录当天支出时，都等于重新提醒自己别花钱买饮料的目标。

因为记账，看到身价不断成长

在刚开始记账时，不像现在那么方便，随时用手机就可以记录，所以我只是在空白笔记本上画几条横线就开始记账，每天回家就把当天的花费用流水账的方式记在本子上。也因为每天都会做一次当天支出的"回顾"，所以我可以清楚地知道自己的钱都流到了哪里。也因为支出"看得见",偶尔多花了不必要的钱就会马上得到提醒。更重要的是,我慢慢感受到我的"身家"在增长。

当然,对一个学生谈身家似乎太早了些,不过我后来才知道,当初这种追踪自己个人净值的过程,确实可以让人更有动力去存钱。那时我习惯每个月都总结一次收入与支出,查看银行户头的存款变化,如果当月存款有增加就会很高兴,如果持平或减少就会试着从流水账中找出多花钱的原因。对我来说,这过程就好像玩马力欧游戏,为了能更快、更高分地破关,会想办法得到每个金币。而这种游戏般的存钱过程,并不会让我觉得是在省钱,反而是一种相当有趣的挑战。

果不其然,经过一年努力记账的生活,我清楚地掌握了自己的收入与支出情况,也有效地控制了支出。此时连同大学时代存下的钱,银行存款已经超过 2 万元,扣除其他计划中的开销,我拿出 2 万元作为我的第一笔投资本金,让我比同年龄段的朋友更早开始踏上投资路。

大四开始的投资人生

不过要说到我的理财"年资",就得从我十六七岁时说起。某天无意间我在家中翻到一本理财书,书中讲的一堆观念在那时我还不是很懂,不过其中一个复利公式引起我很大的兴趣,虽然对现在的我来说,那本书没有写出复利的关键,但还是让我认识到及早投资的重要性,也让我意识到金钱的时间价值:经过有效的理财投资,金钱会随着时间增值,反之则是贬值。所以我常会告诉想要学习理财的朋友,现在手上的 100 元,不能真的当 100 元花掉,因为如果把这 100 元拿去投资,十几年后可能等于一张 1000 元。你以为花掉的是 100 元,其实是 1000 元。

虽然对金钱管理的观念起步早,不过真正踏上投资人生是在我大四即将毕业时。因为确定被录取研究所,所以空出很多的时间可以进一步研究投资,那时网络资讯还不像现在这么发达,我就去了住家附近的书店,寻找关于投资股票的书来研究。

走进书店没多久,一本名为《股市奇才》的投资书吸引了我的目光,内容简介说到这位奇才以 100 美元起家,经过多年股票投资后身家已超过 100 亿美元,当下我心想:"这么厉害的投资人物的作品当然要好好拜读一下!"事后才得知,这位投资大师早已享誉财经界,他就是拥有"股神"封号的沃伦·巴菲特(Warren E.

Buffett）。也就是从那时开始，巴菲特与他的投资哲学深深地进入我的脑海，成为我在日后各项投资中最根本的核心观念。

记得当时为了搞懂书中写的巴菲特投资观念，还有作者观察巴菲特得来的企业价值计算方法，我还特地去英文网站下载巴菲特投资过的企业财务报表来对照计算，无形之中也帮自己打下衡量股票价值的基础。现在我常用来衡量公司股票价值的方法，就是从那时开始慢慢修正而来（详见第 4 章"挖掘好公司的价值公式 1、2"）。

富朋友语录

花钱，只满足瞬间的欲望；
存钱，能满足梦想的渴望。

巴菲特教我的事，
抱着好股，钱自动流进来

在读研究所时存下10万元投资本金前，我已经持续研究股票投资一年多的时间。这段时间我并没有任何投资，只是专心收集各种投资资讯。一来是因为觉得投资本金还没存够，二来是想先练功站稳脚跟再开始。

那时除了持续阅读价值投资相关的书籍外，也研究了共同基金投资的策略，所以在我决定要"真枪实弹"提钱上战场时，我把10万元的本金分两份：分别投入股市及一档台股共同基金里。一年多后，这档基金在定期定额扣款下，赚到24%的投资报酬率。

相较于基金，另一边的股票投资就没那么亮眼，在进进出出的短期买卖操作下，最后出清股票回来的钱比原始本金还少一些，而当时的台股正是在往上走的趋势，所以我人生第一次的股票投资就以亏损收场。也因为长抱基金的获利明显比短期不断进出股市来得多，让我更感受到长期投资的重要性。

有了第一次"长期赚钱，短期亏损"的投资经验，我更加确认，长期持有价值型公司股票，才是让人财富稳健成长的投资方法。所以在往后的投资路上，我除了部分资金是采取波段操作外，大部分的核心投资仍旧以价值投资为主，我会耐心地等待好公司股票来到设定的买点，然后一抱就是几年以上。

而且随着持股时间越来越长、投资经验越来越多，我渐渐感受到价值投资带给我的真正好处：在不用担心投资亏损的情况下，仍然能够专心忙着自己工作和生活的大小事，而银行户头每年都会有令人安心稳定的投资收入自动流进来。这也是我后来眼睛发生复视问题时，对于暂时失去工作，心里却没有太大经济压力的原因。

收入不会让你致富，储蓄与投资才会

对大部分人来说，努力工作赚取公司给的薪资是维持生活的唯一方法，少部分人才会走上创业路自己做老板。因此，如何利用薪资收入来理财就显得更为重要，因为如果没有透过有效率的储蓄与投资理财，在当今这个物价不断上涨但薪资却停滞不前的年代，很难靠固定薪水就拥有我们想要的生活，更不用说可以安心退休，或是提早实现财务自由享受人生。

而且越是努力埋首工作的人越会忽略一点：以为只要努力工作，将来因为职位升迁伴随的薪水调涨，累积下来就足以支付退休生活。这点不能说有错，但在这个年代也不能说一定正确。我常提醒周围的朋友要有警觉心：现在已经不是靠一份收入就可以安心退休的时代，如果想要晚年安心退休，尽早为自己创造第二份以上的收入比较好。更何况多数上班的薪资收入还得依赖公司，即使员工非常努力地工作，也不能担保公司在自己退休前一定能顺利发出薪水，不是吗？

如果就职的公司在自己40岁前就倒闭，我想还算不幸中的万幸，因为年轻还有机会找到下一份工作；但如果是50多岁这种快要退休但还不能退休的年龄呢？在这个年纪遇到公司发生经营危机，那就连自己的人生也要同步发生危机了！

再者来，工作收入增长也不代表自己的储蓄或资产就一定会增加，反而是很多人因为加薪了，生活品质也跟着提高，一不小心就让自己掉入更大的债务陷阱里。这也是为何许多能够提早退休的人，不见得退休前的工作收入就很高；反之，有些高收入的专业人士，工作到了 50 多岁都还不能安心退休，甚至负债累累。其实想要提早退休或安心退休，收入只决定了一部分，真正能够让我们致富的，还是在于如何运用收入所累积下来的储蓄，以及往后的投资。这些都会在第 2 章及第 3 章有更多的说明。

> **富朋友语录**
>
> 存钱，是为了走更远的路；
> 理财，是让路变得更好走。

2

存下50%年收的富朋友记账法

大家都知道理财很重要，
只是该如何踏出成功的第一步？这问题困扰着不少人。
其实，一切的基础就在于记账，
只要练好记账基本功，个人的财务状况就会清清楚楚，
日后想要存钱或投资都一定会更轻松。

你有多少钱可以用来理财？记账的重要性！

很多想学理财的人，常常会问我："学理财要如何开始？"此时我都会请教对方："你有多少钱可以理财？"会这样问就是想知道对方是否真的准备好开始理财。而判断有没有准备好最简单的方式就是看看平时有没有做好理财的基本功——记账。

你知道昨天花了多少钱吗？上个月的生活费支出是多少？今年跟去年同期相比，支出是变多还是变少呢？要知道这些答案都必须从记账开始。

记账对个人理财的重要性就如同经营一家公司需要有财务报表，要详细列出公司的营收、管销与支出，一来是为了向股东报告公司的营运状况，二来是如此才可以追踪每月、每季、每年的营运绩效。

而个人理财的记账本，其实就跟公司的财务报表意义相同，目的也是要提高自己的理财效率，还要知道自己有多少资金可以用作投资。只要看看以下个人与公司营运的对照方式，你就会更清楚我的意思：

个人工作收入 ＝ 公司的营收

个人生活费 ＝ 公司的营业费用

个人理财投资 ＝ 公司的投资项目

个人存款 ＝ 公司的短期现金

个人房子、车子 ＝ 公司的固定资产

个人收支现金流 ＝ 公司营运现金流

仔细看后，有没有觉得经营个人的财务真的跟经营公司没两样？也就是说，要了解一个人的财务状况就跟要了解一家公司的财务报表是一样的。而厘清一个人的财务状况最基本的就是要从记账开始，把自己身上的现金流向都记下来，最后再整理归纳，日后比对时就能知道自己的"营运趋势"。例如：

花在生活的费用占收入多少比例？

能否知道年度最大的花费项目？

每年预估能存下多少钱？

每个月有多少钱可以用作投资？

经过回顾后可知，有哪几笔消费是可以省下的？

某次我在接受杂志采访时提到这个观念：每个人都应该把自己当成一家公司来经营，如果公司每年都需要仔细审阅财务状况，也会透过财务报表来追踪绩效，那为何个人就不需要呢？如果一个人可以认真地把自己视为一家公司进行收入与支出管理，其财务状况一定会越来越好。

记账，是成为有钱人的关键

美国商业作家托马斯·斯坦利（Thomas J. Stanley）曾长时间实地访察美国多位百万富翁的生活形态，最后找出这些人变有钱的秘诀，并结集成书《财富自由》（The Millionaire Next Door）。

而我看完整本书得到最重要的一个结论就是：有钱人擅长管理自己的金钱，而且他们都有记账的习惯，清楚自己的财务状况。他们能够掌握自己的各项开销，甚至在年底就会把隔年的预算与该花费的钱都规划好，之后也几乎能把各项花费控制在当初规划的范围里，就这样透过长年的记账习惯，把自己赚来的钱不断地挤出来做投资，最后让自己成为拥有百万美元资产的富翁。

重要的是，这些人几乎都是白手起家的富一代，完全靠自己的努力赚钱，一点一滴存下来而变富有，只有极少部分是继承上一代的财产；而且这些人并不全是高收入族群，但日后照样成了有钱人。可见收入高低不是决定你有没有钱的唯一条件，懂得管理金钱也很重要。

所以，该如何开始理财呢？首先就是问问自己："我有多少钱可以理？"而要知道有多少钱可以理就得从记账开始，电脑的 Excel 软件很方便，只要做个简单的表格就可以开始记账规划，加上是电子档案，保存更方便，日后要追踪账本也会十分容易。

富朋友的分享

记账能带来理财动力

在此分享我个人透过记账得到的体验：记账可以让人有成就感。每年12月底我都会利用记账本检视年度收入与支出，如果发现自己有控制好各项开销，心中就会很有成就感，而这份成就感会让我产生更大的动力继续理财。相信只要你开始记账，你也会得到相同的体验！

> 记账记在收入进来前,事前规划是重点!

现在我们都知道理财要从记账开始,接下来我要再提醒一个大众对记账常有的误解:认为记账是钱花出去后才要关心的事。一般来说,记账就是把每笔消费如实记录下来:今天吃了 15 元的便当,回家后就记伙食费 15 元;下午买一杯拿铁 20 元,就用手机记录买饮买料花 20 元,大部分的人都是这样记账的吧?这样的流程并没有错,但如果记账的用意只是留下一笔又一笔消费记录,不只低估了记账的好处,也降低了记账在理财中的重要性。**记账的目的,除了记下每笔消费外,更应该在钱花掉之前就先规划好能存下多少钱**,甚至是在收入进来之前就规划好日后可能的支出。

事前规划,说穿了就是要有预算,不过依我的经验,理财时只要提到预算二字,多数人都会莫名地头痛脚痛,心中开始有排斥感。但你放心,现在我们要谈的只是小预算,并不复杂,只需专注在每个月的资金分配就好,要做的就是在收入进来后、花费支出前就把账预先记好。

为什么记账要记在收入进来之前?这里我要先透露一个存钱的重要法则:先支付你自己。我在第 3 章会有更多的说明,这里你先了解概念就好。

先分配再支出

有一个存钱观念大家应该不陌生,就是要先储蓄再支出,意思是当收入进来时先扣掉自己想要存下来的钱,剩下的才是当月可以支配的钱,通过先强迫储蓄的方式来控制支出。不过这个观念没说清楚会让人误解,以为扣得越多就能存下越多,结果为了多存一点钱,反而让自己像个苦行僧一样,每天吃小黄瓜配稀饭,只为了存下一开始设定的数目。

记账记在收入进来之前的观念虽然与先储蓄再支出类似,不过它不是单纯地先扣除储蓄而已,而是先分配好所有的资金用途,包括打算存下来的钱及每个月的伙食费,简单地说就是把每个月的收入分配到一毛都不剩!

把每月收入分配到零的用意,就是不让任何一块钱失去方向。就像我们失去方向时会不知该如何成长,钱也是一样,需要你指引方向它才会成长。如果分配完后还有多余的钱,当然不是要花掉,而是再检视一下是不是哪边的消费分配过少,如果确定都分配完毕,最好的方法就是把这些钱都存进你用来投资的存钱账户里。

掌握金钱流向心里更踏实

如果你事先就知道该如何运用手上的钱，你的心里也会比较踏实安定。这个想法是我某天读一本书时想到的，当时书中写到人在清楚知道自己每天要做什么事时，心里会比较平静。看完我心想，这不就跟我们运用金钱的态度一样？若你清楚知道手上可用资金的"最终归属"，花钱时就不会担心月底钱不够要吃泡面；临时冲动想要买一个不在规划内的物品时，也能比较理智地安抚自己不该花那笔钱；或是正在为了存一笔大钱而每天过着锱铢必较的生活时，心里也会感到比较平衡。总之，如果事先知道如何运用手上的钱，踏实感就会油然而生。

举一个每月事前分配收入的例子，最简单的就是每月固定支出的分配。所谓的固定支出就是每个月一定要花的钱，这笔钱不管你收入变多或变少，都是固定支出不会变的。比如，房租或房贷、车贷、宽带费、保险费或是给父母的孝亲费，这些都属于固定支出。因为固定支出金额不常变化，所以在收入进来之前，除了储蓄，其他就可从固定支出开始分配，剩余的钱再分配给浮动支出或其他杂费，通常把这几项分配好后你一个月的收入差不多就都分配完毕。

像我刚开始培养先分配收入的习惯时，常常笑称自己是月光族，因为我会在每月 1 日就把 5 日才会进来的薪水给分配光。不过这种能够完全掌控自己金钱流向的感觉，实在很棒！

有个比较技术上的问题就是浮动支出或是生活费经常会变动，比较不易先做分配；不过这问题在你开始记账三个月后就可轻易解决，因为那时你就能经由记账资料，算出每月平均浮动支出金额。

一旦你大约抓到平均浮动支出，建议每个月可多估一些浮动支出金额。为什么要这样做？那不是增加不必要的花费吗？这里先把你以后也会发现的秘密告诉你：当你月底经由控管让浮动支出预算产生结余时，会很有成就感！而这种成就感将会支持你努力下去，久而久之就会养成良好的记账习惯。也许这里说得有些神奇，不过你试着做就会了解，但要记得实际上花费时还是要严守纪律管控每笔消费喔！

富朋友语录

很多人都说：我没有钱怎么理财；其实这句话的意思是：我没有存钱的习惯。

记账绝不只是要省钱

记账确实可以省钱，而且是立竿见影的，因为开始记账后想省钱是人会有的自然反应。当你从没有记账习惯变成开始固定记账时，心里自然会去关心你的花钱情况，而多数人在记账后看到自己花太多钱的反应都是会先"自省"，较少会有"太好了，今天多花了 500 元，明天目标是多花 1000 元"的想法，会这样想的通常不是闷太久，就是突然得到天外飞来一笔钱（中乐透或继承财产）。

不过你知道吗？记账绝不只是为了省钱，省钱只是记账的一个过程，一个附加的礼物。如果记账只为了省钱，最后有可能毁了自己辛苦存下来的钱！

记账是为管理金钱

如果记账不是要省钱，那是为了什么？简单地说，记账是为了管理好你的钱，更精确地说，就是为了个人金钱管理上的平衡。

先来谈谈很多人不愿意记账的原因。除了没想过、没习惯、没时间，有些人不愿意记账是因为心中有个小声音不断告诉自己："我怕记账之后就不敢花钱，以后再也不能买 ＿＿＿＿＿ 了，何必让自己过这样的人生呢？"（空格处请自行填上难以抗拒的物品）。有些人不愿意记账是因为担心克制欲望后会不快乐，宁愿选择今朝有酒今朝醉，活在当下的逍遥日子。

是的，记账是有克制欲望的功效。花钱买快乐是人性，记账就可以克制花钱的欲望，它会强迫你检视自己的用钱习性，让你在无形中开始想省钱、想存钱，让你从花钱一族变成省钱一姐、一哥，让你开始思考加油站哪天降价涨价，哪个卖场正在打折。不过所谓物极必反，当你将花钱的习惯转变成省钱的习惯，又为了追求存下更多钱而开始什么都想省，把自己变成苦行僧时，长久压抑的花钱欲望反而会变成另一个压力锅在某天爆发！而且爆发点通常会在心情不好的时候，时间点在多久以后不一定，也许几个月，也可能几年。结果是什么？就是你会冲动地花更多的钱，而这些都是你平时省吃俭用辛苦存下的钱。

这就是为什么记账不能只是为了省钱，因为记账的本质并不是要我们过苦日子，而是要达到财务平衡。如果你之前花太多钱，记账会让你从花钱的情况变成开始愿意存钱，把不该花掉的钱省下来去做更好的投资。相对来说，也会让你从省吃俭用、刻苦耐劳、只喝水不吃饭的生活，变成过正常人该有的生活，让你知道偶尔也要犒赏自己跟心爱的人来个浪漫约会，没有心爱的人也可以自己去做个 SPA，或是知道钱不该只放在银行还应该去做投资。省钱只是管理金钱中的一环，管理金钱的最终目的是平衡你的财务状况，让你赚的钱能适当配置产生效益，最后实现财务自由。

小心陷入省钱盲点

陷入过于省钱心态还有一个盲点，就是会让你想投资却没有勇气投资。投资有利润也有风险，当你每天省吃俭用把钱存下来时，它就会像你的小孩一样，让你想要细心地保护它，所以当投资机会出现时，你会进入只看到风险的导航模式，就好像别人家小孩生病你觉得只是普通感冒，自己小孩生病就急着要送大医院做全身检查一样。因为过于省吃俭用，你会怕你的钱不见，会担心辛苦瞬间化为乌有。

这些心态都很正常，如此保守是不会有金钱损失的，但肯定不会让你的钱变多，以现在的存款利率来看，把钱放银行很容易被上涨的物价给吃掉。这就是为什么我在自行设计的电子记账本里会加入财务规划区，就是为了将赚到的钱能够依比例平衡分配到每个区域做管理，让自己的现金流系统有防守也有进攻。

花太多不该花的钱是把自己的未来给花掉，只想省钱的心态也可能让自己陷入不敢投资的思维。请记得记账的目的是要让我们清楚知道金钱流向，把不必要的开销存下来，把钱放到可以让你财务自由的地方，同时追求存钱与花钱的心理平衡。如果记账只是为了省钱，那真要小心有天你的荷包会大失血。

透过记账
设定消费警戒线

你曾经有过到了月底花费透支的经历吗？或是工作好几年却没存到什么钱？这些困扰很多人都有，就算知道预算的重要性也很少真正落实，有时问题并不是出在没有记账或是没有做年度预算上，而是在花钱的当下没有意识到这笔花费会在事后总结时超出预算。这里分享一个小技巧，就是先在心中设定"消费警戒线"。

消费警戒线是什么？这里要借用一点心理学的制约理论，当你在心中成功设下某个消费项目的心理警戒线后，只要你消费的金额接近这条线，大脑自然就会发出信号让你产生警觉心，这个无意识的过程可能不到1秒，但千万不要小看这个反射动作，不到1秒间的冷静可以让你减少很多次的冲动式消费，也可以让你掌控好消费预算，有机会帮你在一年内多存个两三万元。

习惯通常要经过持续的实践才可以形成，消费警戒线就是需要培养习惯才能设定成功。根据我自己的经验，要设定好一条消费警戒线其实不会花太久的时间，如果你每天都有记账的话，大约一个星期内就会设定好，没有记账习惯也应该在一个月内就能设定成功，当然，前提是这一个月内你都要记得这件事。

潜意识自我管控

举个我自己设定消费警戒线的例子：我如何控制三餐的花费。假设我将一个月的伙食费用控制在 2000 元内，换算平均一天三餐每餐就是 20 元左右，但早餐通常不会吃得太"澎派"，假设一份早餐算 10 元的话，平均中餐跟晚餐就各为 25 元。这时我会告诉自己，午餐及晚餐的消费都要控制在 25 元以内，吃饭时就会先在心里计算加总有没有超过 25 元，经过几餐的自我提醒，25 元的消费警戒线就会成立，之后消费时若超过这个数字大脑就会自动响起警铃。我已经有不止一次的经验，如果消费超过设定金额时，就会觉得不对劲。

更特别的是，每当这种自我提醒在大脑里成功设定后，这条警戒线还会慢慢进入我的潜意识层面，也就是说，就算没有特别去计算花费金额，大概也能把消费额度控制在范围内，比如有时买个晚餐可能不只买便当还会配饮料，这时就算我没有刻意去算，最后加总的价钱也会恰巧控制在额度里。我自己的经验是会在消费警戒线正负 5 元以内，当我发现这个现象时真觉得神奇。

实际执行过这样的方法后，每月总结时就可以回顾自己设定的那条线有没有落实成功，透过记下的历史花费算出该消费项目的每笔平均值，你就会发现平均下来的数字真的离设定的额度不远，而预算也就自然控制在设定的范围里，一年下来要多存些钱也不再是难事。

我常跟朋友说："没有存不了钱的人,只有不会存钱的人。"存钱并不只是单纯把钱塞到存钱筒里,许多生活中用钱的小习惯都会影响我们,只要平时稍做改变,就会发现存下的钱可以比过去多很多,也让自己离财务自由更近一些。

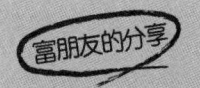

> **富朋友的分享**
>
> **狗狗的制约理论**
>
> 心理学家巴甫洛夫(Ivan Petrovich Pavlov)曾做过一个实验,内容是每当他喂狗时就会同时间摇铃,经过反复多次实验后,他发现狗狗只要一听到铃声就会开始舔嘴巴想吃东西。设定心中的消费警戒线就是类似这个心理学理论,让自己在无意识中对花太多钱产生警诫。

> # 记账不能只是记录，
> # 要揪出无法存钱的关键

不论你用何种方式记账，如果你已经记账一阵子，却还是没感受到自己理财有明显进展的话，这篇就是写给你看的。前面说过，记账虽然是理财的第一步，但并不是有记账就等于在理财。更明确地说，有记账不代表你的财务状况会改善。曾经有网友在信中提到已经记账十几年，可是在理财上却没有进展，后来看了我的博客调整记账观念后，才发现原来过去的记账只是在记心安，一番重新学习后才感受到自己有在理财。

虽然这位网友提到因为我才开始正视记账理财，不过我要先说明，不是一定要用我设计的电子记账本才能办到。不论你现在是手写记账、Excel 表格记账，甚至是市售软件都没关系，只要你有在记账，都必须正视"有记账却没理财"这个问题。

记账是为了存更多的钱

记账，最怕的就是只在记录。下班回到家把当天的花费填进记账本里，每天机械式重复这种行为，月底就拿出本子核对一下支出有没有破表，偶尔查询自己过往的某笔消费金额是多少，比较一下物价上涨的程度等，对于某些人而言，这就是记账的目的与功用。

但其实这样记下去，就跟那位来信的网友一样，记了十几年的账，家里多了成堆的记账本，虽然持续力足够，但对了解个人财务状况的帮助却不大，更不用说有助于理财。累积一大堆历史资料备查并不是我们努力记账的唯一目的，我们应该学习如何将资料转成有用的资讯，从中解读自己的消费习惯，学习如何控管支出，提高存钱的效率。

养成记账习惯后定时分析

"如果记账不是为了让自己拥有更多财富，让家人生活更富足，那为什么还要记账？"这是我常拿来提醒自己要持续记账的一段话。也因此，我除了尽量做到每天固定记账外，每周每月都会借由记账本来检视自己的财务状况，平均每次分析也仅需 3～5 分钟，只有少数几次因为理财方向做调整，才会花超过 30 分钟。但也因为常常帮自己的财务状况与目标做"调校"，所以能随时掌握自己的财务，让我在做投资决策或是消费决定时，能够习惯地做出对自己当前财务状况最佳的选择，省下许多的时间思考如何用钱。

除此之外，也因为定时分析自己的记账本，所以才能够知道自己的财富累积趋势，无形之中我就已经完成了令人头痛的预算。比如，知道何时可以存到多少钱，知道何时可以把贷款还清，知道何时能够存到下次出国玩的钱，知道何时可以买到愿望清单里的商品。当我能够清楚地看见未来的财务状态时，我就会感受到身心比较平衡，上班工作也就更快乐，心情也比较容易满足。也许这听起来有些夸张，不过只要你尝试跟着做，就一定能感到其中的快乐。

总而言之，"记账是理财的第一步"这句话是对的，但切记不是你在记账就是在理财。如果你正好有记账却还没感受到理财有进展，希望你能多思考记账对你而言真正的目的，不要让记账到最后变成只是一种记录。

富朋友语录

量入为出，积少成多，
花在刀口，常保富有。

掌握记账3原则，扭转你的财务状况

　　记账看起来是件简单的事，但要记得好、记得有效、记到财富越来越多，有些原则仍然要把握，不然记出来的账就只会像玛雅预言天书，有看没懂，知道数字但不知其意义，归纳不出可解读的资讯。我就常收到网友询问"如何改善财务状况"等类似问题的来信，几次回答下来，我归纳出下面三个原则，只要记账时掌握它们，你当下财务状况不论是好是坏，都可以开始扭转向上。

　　记账的最终目的是什么？明白地说，就是为了让未来有更多的钱可以生活，以及透过投资理财让财富增长，提前实现财务自由。然而，我发现有不少人，记账只是在记心安，只是想在花钱时留下证明，往后需要确认时有个备存记录好查询。所以有些人记了好几年的账，纵使账本写得有条有理，存钱的速度曲线还是拉不上去，对于财务管理只能停在防止消费过度，而无法增加财富。

　　不过记账有趣的地方，就是同一个账本用不同的方式解读后，其数字所产生的生命力不同。虽然没有受过专业训练的人无法像金融专家一样抓出各种财务比率对症下药，但是只要掌握好以下原则，个人记账功力就能大幅提升。

> 原则 1

厘清过去的钱都花在哪了

"我的钱都不知道花在哪了！"这问题是很多人开始记账的原因，而这个原因也正是记账最主要的好处：帮助自己从财务里抓漏。在经过 2～3 个月的记账后，我们就可以把各项支出与收入的比例计算出来。因为人的大脑习惯解读比较后的结果，所以在你把各项支出与收入比例写下来后，马上就能透过百分比知道钱都花到哪去了。接着就是找出这些支出项目里哪些是必要的，哪些是不必要的。不必要的支出当然就是要优先调降的对象，如果有些必要支出在理智上你知道是不必要的，但是不花又很痛苦，那可以先保留，只是你要懂得设定花费上限，也就是运用第二个原则。

原则 2
分配未来的钱要花在哪

透过原则 1 抓出无谓的花费后,接下来就要在未来使用时把它调整过来,让钱真正用在刀口上。想要不被钱控制,就要先控制钱的去向,因此在每一笔收入进来时,身为主人的你有绝对的责任告诉它们该去哪里。所以"分配"就是记账原则 2 最需要做到的事。

想象你现在是一家动物园的园长,园里有大大小小的动物,每天你在分配食物时,应该不会每只动物都给一样分量的粮食吧?这样的话,羊驼可能会吃太多变成伪装的超大绵羊;大象可能会吃太少导致饿昏。同样地,你在分配各项花费时,也要依照适当的比例去分配。问题来了,跟我们每月领的薪水一样,你的动物园可分配的粮食也有限,不是每种动物都能饲养,此时你就应该优先选择能让你继续经营下去的"物种",也就是你的明星级动物。

什么是财务里的明星级动物?就是可以给你带来更多收入机会的地方。把钱先分配在能帮你创造更多钱的地方,剩余的再依照重要性、必要与不必要分配下去。至于动物园里的冷门动物(不必要支出),饲养再多也不会增加收入,所以还是赶紧把数量降到最低,减少这部分的支出。

原则 3

每笔账都是增加财务自由的机会

掌握前面两个原则后，检视过去的记录与分配未来收入这两个动作就会不断循环。如果你的管理方法正确，原则 2 里的明星动物应该会越来越多，套句较专业的术语，就是可自由支配的资金将越来越充足，存下的钱将越来越多。而为了让这个过程加速，你的每一笔账目或是消费，不论是收入还是支出，目的都应该只有一个：让可支配的资金往上增长。

好比某天下班肚子饿，回家时想去吃顿饭，途中经过两家相邻的店，一家卖普通便当，一家卖高档日本料理，你开始思考要如何对待你的肚子，心想上班那么累，是不是应该对自己好一点？虽然吃哪一家并不会对经济造成困扰，此时把握原则 3 你就会理智地想，选择哪一家才能让你"未来更有钱"，而不是只满足当下的心情。当然，这之中你可能要牺牲一些爽度，不过如果你习惯了这样的消费与记账思维，你会发现这是在帮助自己的未来过得更爽，长远来看你并没有真的牺牲什么。同样的道理，当你每天回家记账时，每记一笔就要反射思考这笔钱是帮助了你还是拖住了你，在你习惯后，这个过程只需 2～3 秒就可完成。

财富的累积要从记账开始，反过来说就不一定，不是有记账就会累积财富。记账的同时还需掌握这三个原则，才会让自己的财富增长，财务状况才能扭转向上。

5个小技巧，记账效率立即提升

技巧1
记得先支付给自己

　　记账时应该先扣除要存下来的钱，剩余的再留作每月正常开销。以下对照两种情况：一种是先把要存下来的钱从收入中扣除，剩下的钱才用来日常花费；另一种是直接记录支出，待月底再来计算有多少钱可以存。你觉得哪种存钱方法比较有效？当然是先存钱再花钱，因为花钱有了上限，比较会量入为出。但记得不是先扣越多就越好，还是要顾及基本生活开销，才不会因过于省钱而心理不平衡。

技巧2
收入与支出用不同颜色区分

　　人的大脑对图像处理的速度比较快，如果平时记账就懂得用颜色来区分收入与支出，之后检视收支状况时就一目了然。如果都用同一种颜色来记账，大脑要先读取，才能判断该项目是收入或支出，理解速度差很多。如果是用 Excel 记账就更方便，电脑会自动标示负值的支出为红色，正值的收入为黑色，开启账本后马上能分辨哪一笔是支出，哪一笔是收入。

技巧 3

记账是要记给未来，不是记给现在

　　记账虽然是记下近期的收支状况，但更重要的是要记给"未来的你"看。想想看，你如何规划明年的旅游计划？当然是要先看你明年有多少钱可以当作旅游基金使用，所以你要先估计明年的伙食费、交通费、日常用品费用等，要知道这些金额就必须对照过去的记账资料。所以现在记的账是要记给未来，而不是记给现在。

技巧 4

专注在现金流

　　我常跟朋友说："世界上的钱总数是差不多的，钱不是流进你的口袋更多，就是流到别人的口袋更多。"当你开始记账时，你会记下每日的开销、银行存款的进出，还有每月的工作收入，你或许把大大小小的收支都记录下来了，但现金是如何流动的有没有顺便记下来呢？

如果平常没有关注现金流的习惯，或许一下子要把记账本之间的现金流弄清楚不是件容易的事，所以最简单的方式还是一开始记账时就先把现金流一起记下来。不一定要真的画上箭头或是加上备注，而是在记下一笔账时，就要习惯在脑中思考这笔账的现金流是如何走的。比如，晚餐吃了一个15元的排骨便当用现金支出，手上的现金——当初从银行提领出来的生活费——就会减少15元；若是信用卡刷卡，就要从银行存款中先扣除这笔刷卡金额。这看起来很复杂，但只要你习惯这样的方式，记账成效会大副提升，也会更清楚自己的财务状况，建议一定要养成掌握自己现金流的习惯。

技巧 5

抓出看不见的记账死角

还有两种很容易在记账时忽略的项目：常用的小钱与不常用的大钱。常用小钱比如坐地铁、坐公交车、买饮料……这些钱很容易被忽略，因为记了很麻烦，但不记的话每个月累积下来也是一笔不小的开销。而我的建议是：当然要记！因为这是记给未来的你看，不是现在的你，通常你回顾记账本的时候都是以月或年为单位的，此时就会发现这些钱累积起来也是笔大数目。如果你真的觉得很麻烦，可以成立"个人生活银行"，在家里设一个小专区（信封或罐子都可以），每个月月初放入一定的钱，然后约定小金额的开销都从这里提领、兑换，月底时再来结算花了多少钱然后记下来。

在台湾地区不常用的大钱最常见的就是：税金、年缴的保险费、大楼管理费。其中税金最需要注意，尤其是每月支薪的朋友，很多人都没有意识到手中领的薪水是税前收入，意思就是你实拿的钱是要扣掉所得税的。每到缴税季度时，有没有听过有人说"这个月要缴税，所以没钱了"这类的话？我第一次听到时还很讶异，不是原本就知道要缴税吗，怎么会因此没钱？后来发现不止一个人说后，才知道很多人都忘了自己的收入是税前收入。所以建议大家每个月先把自己要缴的税扣除下来，保留在存款账户里预备缴税用。

富朋友语录

耐心存钱与冲动花钱的差别，
一个专注未来，一个只看现在。

COLUMN 理财练习题

抓出存钱罐里的漏财虫

看完记账在理财中的重要性后，是否开始想记账了呢？虽然记账需要时间才会看到成效，但在开始记账前，不妨先依下面两个练习帮自己做个理财健诊，抓出让自己没法存钱的漏财虫，之后开始记账时就会更轻易地掌握自己的财务状况，存下更多的钱！

◎练习1 追踪个人净值，揪出漏财元凶

个人净值可以用来衡量一个人的财富，其计算方法就是总资产与总债务的差额，这是个简单又能迅速掌握财务状况的指标，依照以下三个步骤就可算出个人净值。

步骤1 翻出所有家当，计算有多少资产

要计算自己拥有的资产很简单，首先就是拿出所有的银行存折，将户头里现有存款金额全部加总，这就是你现在拥有的现金资产。除了现金，其他像不动产、黄金白银、外汇等可变现的资产也要统计出来，如果你不曾认真算过这些资产市值，更要趁这个机会整理。

所有资产都算好后，用条例方式写在一张纸上，再把所有金额相加成为总资产，就可进入下一个步骤。

步骤 2 提起勇气面对，计算有多少债务

因为金融市场的开放，现代人要跟银行贷款非常方便，所以不论是房贷、车贷、学贷、个人信贷、保单质借等，每人或多或少身上都有债务。找出漏财元凶的第二步就是认清自己身上有多少债务。

跟计算资产方式类似，把目前向银行或其他来源贷款的项目及余额全部写下，最后将所有金额相加为总债务。

步骤 3 资产扣掉债务，结算个人净值

将步骤1的总资产扣去步骤2的总债务，剩下的就是你目前的"身家"，也就是个人净值。计算结果会得到两种情况：

总资产＞总债务，个人净值为正，表示目前财务状况良好。
总资产＜总债务，个人净值为负，表示目前负债，财富正被利息吃掉。

为什么计算净值能找出漏财元凶？一般来说，我们都习惯用月薪来判断个人经济状况，只是这样容易误认为月收入尚可支付，就去办了过多的贷款，利息越缴越多，钱也就从这些地方漏掉。如果知道自己的真实财务状况，观察个人净值才能反映出来，并且知道目前的财务水平在哪里。了解自己目前的净值，之后再记账就能持续追踪净值变化，而不再只是用月薪来判断当前的财务水平。

资产

资产名称　　　　　　　　　　　　　金额

_____　_____元
_____　_____元
_____　_____元
_____　_____元
_____　_____元
_____　_____元
_____　_____元
　　　　　　　　　　总资产　_____元

债务

债务名称　　　　　　　　　　　　　金额

_____　_____元
_____　_____元
_____　_____元
_____　_____元
_____　_____元
_____　_____元
_____　_____元
　　　　　　　　　　总债务　_____元

个人净值
总资产 − 总债务 = _____ 元

◎练习2 检视消费行为，踢掉漏财习惯

现代人工作繁忙，难免会养成自己也没察觉的漏财习惯；不然就是透过花钱来消除工作压力，而排除这些压力所需的"成本"都不低，无形之中就降低了存钱速度。以下五个步骤就是要帮你踢走这些漏财的习惯。

步骤 1 检视花钱习惯

回想过去一周每天固定的消费行为，列在纸上并标注一周花费金额。下面范例可以帮助你回想这些行为：

早餐　10元 × 7天 = 70元

香烟　15元 × 3包 = 45元

饮料　10元 × 5杯 = 50元

公交车　5元 × 5次 = 25元

咖啡　20元 × 5杯 = 100元

漫画、杂志 20元 × 2本 = 40元

步骤 2 分出必要支出与非必要支出

用符号或是有颜色的笔勾出必要的支出项目。比如，早餐每天都要支出，就在早餐项目旁做个记号。这个步骤对某些人或许是种挑战，不知道咖啡、香烟或饮料要归在必要还是非必要支出。我建议可依循一个原则来判断：必要支出是以"维持你生存下去"的花费为主，所以伙食费用当然是必要支出，至于咖啡，除非你真的不喝上几口就无法工作，不然还是归类在非必要支出吧！

步骤 3 帮必要支出寻找替代方法

必要支出一定要花，但有没有能符合同样需求又较省钱的方法？好比早餐有 20 元的美式套餐，也有连锁早餐店的 10 元组合，还有在家自己做的 5 元早餐，不同的选择虽然有不同的享受，但也有不同的成本。这部分若能找到足以取代又能花较少钱的方案，长久下来你就能多存到钱。不过要注意，像三餐这类如果替代方案会影响身体健康（晚餐改吃泡面），那就千万不能省！

步骤 4 写下减少非必要支出后可省下的金额

非必要支出最好的话当然就是不花，如果一定要花就是尽量减少。总之就是将这部分的消费降到最低。什么？我听到有人说这样会很痛苦！可是这些或许就是让你漏财的地方呀！

步骤 5 结算全年节省的总金额

最后一步虽然简单，却是踢掉漏财习惯的重要步骤。这个步骤要把必要支出与非必要支出能够省下的钱计算出来，看看这些漏财习惯过去到底花掉你多少钱。在清楚知道原来能够省下那么多钱后，心中执行的动力就会更大。当然最重要的还是要身体力行、这才是踢走漏财虫的关键！

3

让收入变储金的现金流管理秘籍

存钱的不败法则是支出小于收入,
但如果想要在有限的收入里存下更多的钱,
做好全方位现金流管理是个关键。
以下我将依储蓄、预算、紧急预备金等项,
说明整套的自动化存钱系统,
让你在辛苦工作之余,
不需花太多心力也能存下更多积蓄。

最珍贵的理财建议：先支付给自己

如果要我马上提供一个理财建议，我一定说："先支付给自己。"虽然在第 2 章已提到这个概念，但现在我要更深入地说明为何先支付给自己是如此重要，请注意看了！

先支付给自己，就是指当你得到一笔钱的时候，要先将那笔钱用在能帮助自己实现财务自由的地方。不要小看这样一个简单到不行的观念，很多人其实都办不到，这样最基本的支付给自己的方式——每月存下一笔钱——对很多人就是一件不容易的事。往往在薪水进来之前，就有一堆账单等着你先支付给别人：房贷、车贷、学贷、伙食费、水电费、油费等，算一算似乎很难有多少钱可以存下来。

不过即使如此，还是要想办法将先支付给自己作为个人理财的首要目标。为了未来的生活，为了让财务自由提早到来，为了心爱的家人、小孩，就算你打算这辈子独自一人活下去，我们也不应该轻易地将辛苦赚来的钱拿去给别人，不是吗？

为什么先支付给自己那么重要？

钱是你辛苦赚来的，不先留在自己身上说不过去。如果从现金流来看，先支付给自己也是累积财富较快速的做法。以下我用个人资产负债表的现金流向来说明，你就会知道先支付给自己与先支付给别人的差异。

▼先支付给别人的现金流　　　　▼先支付给自己的现金流

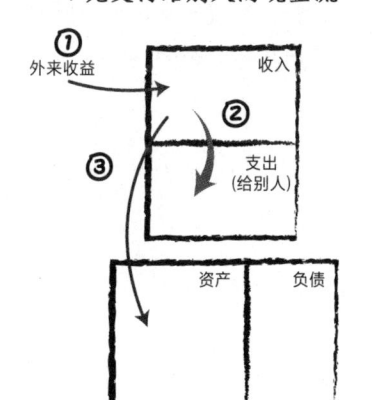

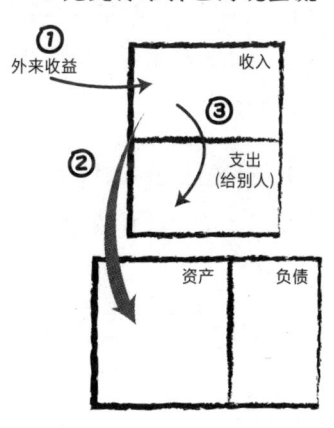

看出两者的不同了吗？请注意图中箭头②的最终落点，先支付给别人的箭头是落在支出区，先支付给自己的箭头则是落在资产区。也就是说，先支付给别人与先支付给自己在金钱管理上所关注的事情完全不同！一个在"支出"，一个在"资产"，通常我们越关注的事，总是会发展得越大！你关注在支出越多，就有越多支出在前方等着你；你关注在资产上越多，就越容易累积更多的资产。你想得到支出比较多还是资产比较多？当然是资产！

就算是先支付给自己和先支付给别人最后留下来的金钱一样多，你还是需要做到先支付给自己。这不只是数学上的问题，这还是你有没有让大脑聚焦在正确事情上的问题，也是你对金钱管理态度的问题，只要你肯先专注在正确的事情上，对的事情就会不断地累积，先质变之后就会产生量变，先专注在能让你财务自由的事情上才会财务自由。

而且事实上，在财务上能够独立的人都有养成先支付给自己的习惯，这些人都懂得先把钱留给自己，然后再用剩余的钱去支付日常生活开销。

先支付给自己在财务管理上是如此重要，如果连你自己都不先支付给自己了，还有谁会呢？

先支付给自己的方法

支付给自己的最好的方法就是存钱，投资自己大脑的学习成长也是一种。每当有一笔钱进来时，不论是薪水、奖金、红利，甚至是在地上捡到的钱，只要有金钱来到你手上，第一个想法就是先支付给自己。比方说每个月公司发的薪水一进到账户，就把要存的钱先转到另一个储蓄专用的账户，剩下的再拿去缴账单、当生活费，这样就可以更清楚地"分离"先支付给自己及先支付给别人的钱。

如果你不希望用多账户管理金钱，觉得这样太麻烦或是薪资账户的存款利率比较高，你还是要做先支付给自己的动作，方法就是用记账的方式分出储蓄与花用的钱。

注意！就算是记账时先支付给自己的顺序也不能搞错，只要有钱进来就要养成习惯思考多少钱要分配到自己身上。像我每有一笔收入，记账的第一个动作一定是把这笔收入分记到不同功能的存款账户里，再实际地用银行转账把钱转到各账户，剩下的才是用作生活费。记得这么一句话"在财务管理中，看待金钱的态度比数学计算还重要"，所以记账时也要记得先从支付给自己开始。

富朋友语录

除非你能管好自己的钱，
不然赚再多的钱都是给了别人。

为什么需要存钱？而且越快开始越好！

你是否曾认真想过为何要存钱？为了出国旅游？为了买车买房？为了将来给小孩好的成长环境？我想这些都可能是你会存钱的原因。

现在请再想一个假设性状况：你的小孩或是最心爱的人得了重病，医生说只能活 12 个月，唯一解救的方法就是购买最新研发的药物，药价不便宜，必须花费 15 万元。在听到医生这个结论后，你会不会在接下来的 12 个月想尽办法存到这 15 万元？我想多数人的答案是："一定会！"你会想办法加班，兼职做第二份、第三份、第四份工作，会用尽各种方法甚至借钱，就为了存到这 15 万元。你有极大的存钱动力，因为有个重要的人等着你去救，没存到钱就要和对方离别，你有非完成不可的原因及动力。而这就是能让你存钱更快速的两个原因：急迫性与必要性。

在我看来，**存钱的急迫性与必要性，是决定财富累积速度的主要原因。**

急迫性决定未来的财富

　　这里我用一个故事来告诉你，为何急迫性对存钱是如此重要。阿强跟小光是从小一起长大的好友，他们同样在 22 岁进入社会工作，当他们领到第一份薪水时，阿强决定要遵循家中的理财观念，每个月从薪水里存下 3000 元，然后 23 岁开始每年持续将 36000 元的存款投资在平均复利 8% 的绩优股票。而小光的家庭比较注重人生享受，所以他习惯在每个月扣除必要生活费后，将剩余薪水花在自己喜爱的事物上，比如买最新的 3C 产品或是出国旅游，身上打扮总是最新流行的行头。虽然阿强看到小光生活得如此享受很羡慕，但他仍守着家里给他的理财习惯，每个月持续存 3000 元去投资。转眼间，过了 10 年，阿强决定开始过不一样的人生，他不再每月存 3000 元，而是把这些钱拿去购买喜欢的物品，他想要跟小光一样享受人生。而小光刚好相反，在享受了 10 年的快乐人生后决定认真看待他的退休生活，他决定向阿强学习，每个月存下 3000 元，也投资在复利 8% 的绩优股票上。

　　就这样换成小光每月存 3000 元，将每年 36000 元投资在复利 8% 的股票上，而阿强则不再投入金钱，只是让原本的投资继续复利成长。猜猜看，等他们到了 65 岁退休时，阿强跟小光投资账户里的钱谁比较多？

　　这个问题非常耐人寻味，每次我朋友知道答案后都会有些讶异。是谁累积的钱比较多？是在前面 10 年努力存钱投资的阿强，还是后来觉醒努力存钱 32 年的小光？在他们俩各自来到 65 岁时，阿强投资账户里的钱竟然比小光多，而且多出 139 万元！下表就是他们两个人的投资获利对照：

▼阿强与小光存钱的投资对照

年纪	阿强		小光	
	每年投入	投资后价值	每年投入	投资后价值
23	36000	38880	0	0
24	36000	80870	0	0
25	36000	126219	0	0
26	36000	175196	0	0
27	36000	228091	0	0
28	36000	285218	0	0
29	36000	346915	0	0
30	36000	413548	0	0
31	36000	485511	0	0
32	36000	563231	0	0
33		608289	36000	38880
34		656952	36000	80870
35		709508	36000	126219
36		766268	36000	175196

持续到 65 岁

59				
60		4859013	36000	3706728
61		5247734	36000	4042146
62		5667552	36000	4404397
63		6120956	36000	4795628
64		6610632	36000	5218158
65	退休		退休	

这就是存钱急迫性造成财富累积上的差别，从另一个角度解读急迫性就是：越早开始存钱越好。从上表来看，阿强只是比小光提早 10 年存钱，之后不再存钱，总资产仍然持续比小光高，也等于他在 32 岁后的日子比小光来得轻松许多。

所以为何越早开始存钱越好？因为这样才能尽早累积出投资的钱，然后随着时间推延，财富累积速度就会加快。当你知道早存钱跟晚存钱的差别如此之大时，你对存钱的急迫性也就产生了。

因此，什么时候是存钱的最佳时机？当然是现在！

必要性就是有明确的理由

有一句话是这么说的："明确的目标能带来力量。"如果想要存钱存得更多、更快，就要有个明确的理由才行。试着思考以下这些问题：

你想要提早还清贷款吗？
你想要拥有自己的房子吗？
你想要出国留学深造吗？
你想要带着全家去欧洲旅游吗？
你想要实现爸妈的梦想吗？

透过问句帮助自己设定清楚的存钱目标，不要只是每个月固定把钱放到银行或是存钱筒里，光是说"因为我想要未来有好日子"还不够，你必须找出让你想要存钱的理由。一般来说，我们存钱是为了以下这些目的：

　　存下紧急预备金；
　　完成某个需要金钱才能实现的愿望；
　　购买物品；
　　年度大金额支出；
·　投资理财。

"天有不测风云，人有旦夕祸福。"明天会发生什么事，没有人会知道，所以拥有一笔紧急预备金可以防止突发事件打乱自己的理财计划，预备金是很重要的存钱目的。有些愿望是需要经过财务规划才能实现的，比如买房、买车、结婚都需要钱，这也是存钱的重要目的。年度的大额支出比如每年的保费、学费等，更是需要平时就存钱，才不会到缴款时到处筹钱。最后一项投资理财是为了将来财务自由及退休而准备的，手上要先存到一定的本金，才能开始透过投资来增加财富。

写下明确的存钱目标吧

　　如果你本身已经开始存钱，试着告诉自己存这些钱的是为了什么，并且写下来。如果同时有好几个目标，就要把这些钱依照不同目标分开来存放，最后增加一些存钱的急迫性，让自己提早达到目标。

　　如果你还没开始存钱，我建议你现在就存下一切可以的存钱。

没有存钱罐就找个信封袋，先别管装钱的容器是否美观，因为那不是现在要关注的重点，现在要做的是马上让自己产生存钱的行为。1 块钱也好、1000 块钱也罢，先让身体做出存钱的动作，存多少钱目前还不必在乎，重要的是现在就把钱存下去。之后每天也要固定存钱进去，这样有助于你的身体跟大脑对存钱行为产生习惯。

如果你目前收入跟支出是打平或是负的，除了想办法增加收入外，还是要存钱，就先从每天持续存下 1～10 块钱开始。你需要让大脑习惯存钱，之后再视能力慢慢增加金额。刚开始不要在乎金额多少，当前最需要的是扭转财务习惯，从不断支出变成慢慢储蓄。有了好的理财习惯，好的结果就会开始出现。

所以，别再等待，现在就写下你的财务目标让你的存款加速！

我的存钱目的：
....
....
....

为达到这个目的我要存到：
....
....
....

> # 紧急预备金的重要性
> # 跟你想的不一样

我想这句话你听过很多次:"你必须准备紧急预备金。"既然如此,为何我还要特别用一篇文章来提醒你?原因就在于:大部分人听过之后并未采取行动。你可能知道紧急预备金的用途,但不知道它到底有多重要,重要到缺少它将成为你迈向财务自由的绊脚石,重要到缺少它会让你辛苦多年累积的财富化为乌有,而且是在一瞬间。

所谓紧急预备金,是为了意想不到的事而准备的资金。什么是紧急或意想不到的事?不是突然觉得需要一台新车,也不是突然觉得压力大想要去旅行,更不是卖场突然下杀五折要抢买衣服。这笔钱是只可用在危机出现时的"紧急"预备金。

为什么要准备紧急预备金?

大部分的人多少都知道要准备紧急预备金的理由,防止收入来源突然中断是最常听到的想法;其他还有像临时的医疗费、修车费、居家维修费,或是任何被迫支出的大笔开销,都是动用紧急预备金的时候,相信平常注意理财的人对这些用途并不陌生。不过在迈向理财致富的道路上,紧急预备金还扮演了一个非常重要的角色：不是在它被动用的时候，而是在它还没被动用时。

请特别记下这句话，准备紧急预备金的另一层意义：保护好你原本的理财计划。

投资犹如进攻，紧急预备金犹如防守

先设想一个情况：当你规划好理财计划，每个月都会固定分配金额存钱投资，支付生活开销，存下小孩教育基金，生活与财务管理都过得很顺。你很会理财，在银行存款利率就跟中乐透概率一样低的年代，你知道钱放在银行只会被通货膨胀吃掉，所以每个月固定投资基金、股票，银行账户的钱只留生活费。

有一天，你临时遇到一个紧急事件急需10万元。但因为银行存款不够10万元，所以你就上网查看投资的基金目前净值是多少，打算卖掉一些凑足这笔钱。

尴尬的事情来了，查看后发现目前的基金净值是负的！当初规划的这笔基金是要通过长期投资才会赚钱的，现在卖掉，不只要支付手续费，还会造成不小的亏损。好巧不巧，你眼睛瞄到桌上有份"三分钟办好信用贷款申请书"，记得当初是银行人员硬塞给你，你受不了工作人员的热情才随手拿回家的。这时你心中开始盘算："如果现在卖掉基金，不只亏损，也要好几天才能赎回，这样会来不及凑到10万元。如果是办贷款的话，利息才不到5%，反正之后每个月慢慢付就好，先解决这紧急的事比较重要……"

你的财务计划就此被打乱。

虽然上面这段故事纯属想象,我也不希望它真的发生,但世事难料,墨菲定律——凡是可能出错的事必定会出错——会被人拿来歌颂警世不是没有道理,通常越不想发生的风险就越会发生。但重点不在发生与否,而是发生之前我们有没有做好准备。

这就是紧急预备金最重要的功用:它能够在墨菲定律发生前,先为你筑好一道墙,让身在这堵墙后的你,安心去使唤你的金钱子弟兵。该去投资进攻的就专心去进攻,该帮你挑水砍柴赚取被动收入的就乖乖去执行,心不甘情不愿要花掉进到别人口袋的就请安心上路。而奇妙的也就在这里,当你有了一堵坚固的墙在外保护自己的理财计划时,你开始不担心事情会出错,你不会烦恼急需用钱时要如何调整投资计划。在这种不慌不乱的心情状态下,结果就是真的什么事都不会出错。墨菲定律,Out!

坊间流传一段话:"天底下只有三件事,自己的事、别人的事、老天的事。"这三件事中,我们只管做好自己的事,不随意管别人的事,至于老天的事,更是人类无法掌控的。毕竟没有人可以预知"明天"会如何。明天会不会下雨?很难说。会不会感冒?不知道。上班会不会堵车?通常是会,不过有时也会莫名的顺畅。很多事情都是老天在管,我们无法预测,不过面对未来突发事件先做好准备,不是老天的事,绝对是自己的事。

紧急预备金多少才够？

一般来说，标准的紧急预备金是准备 6 个月的生活费。不过我们该进一步思考：难道每个人都准备 6 个月就足够了吗？有没有可能因为本身财务状况、年龄、职业或是家庭人口不同而要多一些？不然紧急事件发生钱不够用时还是必须拆东墙补西墙，也失去预备金最重要的意义。从另一个角度想，保险公司在计算一个人的保险费用时，不也会依照不同人的风险而定出不同的保费？

这个问题在我刚开始接触理财时也曾感到困惑，不过那些年对于独立判断资讯的能力尚且不足，时间一久似乎准备 6 个月的紧急预备金就变成理所当然的，这个问题也就渐渐被我遗弃在大脑角落。直到某次辅导朋友理财时，对方问了我类似的问题："预备金准备 6 个月够吗？"当下让我的风险意识拉响警报，除了让这个问题再度浮现外，心里也在想，如果这道保护墙不够高该怎么办？

在我认真面对这个问题后，终于找到能够用数据来衡量的答案。得出 3～6 个月这个数值，是以能够安然度过没有收入的日子为考量。不过这也表示 6 个月的紧急预备金不见得适合每个人。

需要6个月的原因

根据统计,从 2003 年到 2012 年,从失业到找到下份工作需要 26～28 周的时间,换算成月份差不多就是 6 个月。下表整理近 1 年、3 年、5 年、10 年的失业者要找到下份工作的平均周数,从表中还可知,求职者年纪越大找到下份工作的时间越长。不过要注意这是平均值,所以整体平均上升一周代表有些人可能要多花两三周的时间。

▼不同年龄失业者平均失业周数

单位:周

年龄	1年间	3年间	5年间	10年间
全部年龄层	26.04	27.80	27.23	27.22
25~44岁	28.75	30.05	29.15	28.96
45~64岁	27.88	30.15	29.37	30.85

资料来源:台湾省主计总处

有了这个参考性质较高的数据后,我们可以知道碰到以下几种情况,就该考虑多准备一些预备金:工作不稳定的人,例如打零工,或是每隔几年就要换工作;年纪越大的人,万一不幸失业得花更多时间才能找到下一份工作,所以准备的预备金要更多;大环境经济不佳时,个人风险意识也要相对提升,此时多准备一些预备金,等经济回稳再调降回来,保持弹性;家庭成员人数变多,或是小孩长大家中开销变大,紧急预备金也要跟着往上调。

所以，6个月的紧急预备金只是标准，还得视个人情况而调整。工作越不稳定，预备金的准备月份就越长，只有工作非常稳定的人，才可以考虑少于6个月，但也不可低于3个月。年纪越大，失业后的风险越高，所以准备的月数越多。另外特别注意，必要时须弹性往上加足预备金；比如2008年金融危机，那段时间市场上很多公司放无薪假，此时就要有警觉心把预备金加高，之后再随着经济形势好转调回原本水平，如果经济形势渐趋恶化就要再拉高，12个月或是12个月以上都有可能。

准备的钱要足够支付每月开销

预备金的功用是在失去收入来源时,仍能维持个人或全家的生活,所以并不需要以月薪来做计算,而是以维持生计的每月开销来做计算单位。除非你希望这几个月仍能维持原来的生活品质,不然建议保留足够的金额就好,其他的钱还是拿去做更有效的投资。

而维持生活基本生计有几点提醒:每月要缴的各式贷款一定要包含进来。以房贷为例,因为房子还是要继续住下去,不按时缴房贷可是会被查封的。再来伙食费等生活支出可以估得比每月平均再多一些,才不会让自己真的需要动用时,生活过于困难。除此之外,其他你认为每月都需要用到的钱都要算进紧急预备金里。

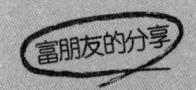

> **富朋友的分享**
>
> **保护现阶段理财进度更重要**
>
> 提防失业只是准备紧急预备金的原因之一,另一个主要功能是在突发状况发生时,保护好你现阶段的理财规划,不需要强迫自己从股票、基金、保险或其他理财中把资金抽出来。保护好你原本的理财进度,这才是紧急预备金的最大用途。

紧急预备金该存在哪？

有些人认为紧急预备金只要存在变现性够高的地方就可以。所以他们会把它放在基金、股票或其他高流动性的投资里，等待需要时再卖掉拿回现金。

在这里我要郑重地大声说：这样是错误的！

存放紧急预备金有个重要条件：变现性要够高，而且要能立即变现。换句话说，它应该能够在 24 个小时内就换成现金使用。所以如果把预备金拿去投资，或是把投资的一部分当成预备金，都不符合立即变现的条件。再者，紧急预备金还必须符合稳定的价值，因为这笔钱是要用来买一个心安，是要用来随时帮助自己渡过突然发生的难关，所以宁可牺牲这笔钱的投资报酬也不能承担它有价值减损的风险。这两点非常重要，所以我再整理一次。

紧急预备金存放方式需符合两个条件：
1. 有立即变现性，能够在 24 小时内换成现金；
2. 具有稳定价值，不会随意波动。

由此可知，把紧急预备金放在定存是最好的选择。一来定存能够立即解约提出现金，二来定存除了担心通货膨胀外不会有什么价值波动，而通货膨胀是所有投资工具都会面临的问题，所以也不用担心。

活用定存技巧准备预备金

通常动用到紧急预备金时，不会一次用完所有的钱，所以在此分享一个分拆定期存款的技巧，让预备金的动用弹性更大。

以标准版 6 个月预备金为例，把金额拆成 1 个月、2 个月、3 个月三笔，分别用 1 年期、2 年期、3 年期的定存单锁起来，之后时间到期再各自续同样的约。若需要动用预备金，就依照最小需求金额去解约；比如需要 1 个月以内的钱就解除第一个定存单，如果要用到 1 个月以上、3 个月以下的钱就解除第一个跟第二个定存单。这个存款技巧可以增加定存弹性，用在紧急预备金上面非常适合。

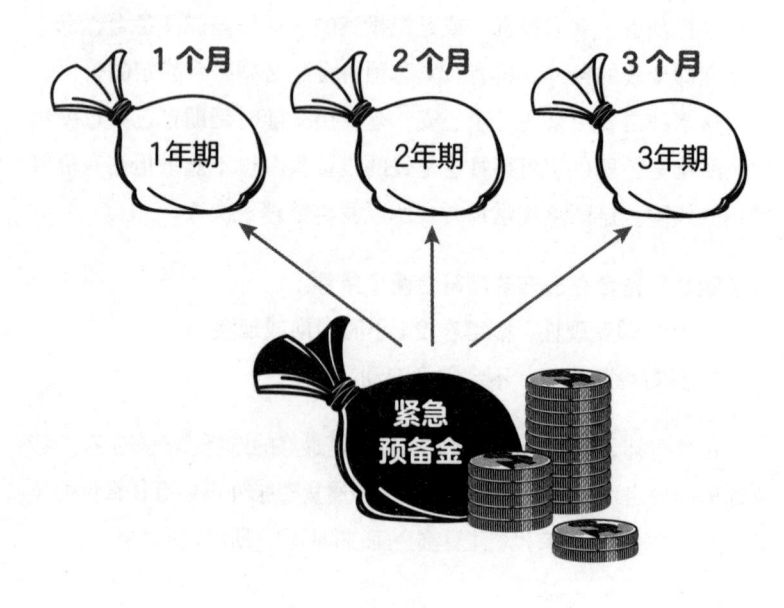

负债的人
怎么准备紧急预备金？

负债的人每个月现金流都有些吃紧，手上若有闲钱是要拿去准备紧急预备金，还是先还债？我的答案仍然是先准备预备金，而且比没负债的人更需要！因为如果没有这笔钱，一个突发事件出现只会让债务变得更多，把财务状况推向更深的深渊。

之前说紧急预备金的用意是要防止突发事件打乱原本的理财计划，同时也解释了预备金就像一道城墙一样保护自己。然而，当身上有负债，每月现金流又吃紧的时候，就跟战争时城内兵力不足一样，城墙承担防守的重要性就更大，至少要能挡到救兵出现。说得直白一点，这笔钱对负债的人不只是紧急预备金，更是重要的救命金！

正常来说，紧急预备金的准备金额是以 6 个月为标准，但负债的人还有个财务目标是要尽早还清债务（贷款），降低每月多支出的利息，只是顺序上不能搞混，必须先把紧急预备金准备好，再来集中精神与金钱还清贷款。所以身上有负债的人，预备金的金额建议以 1 个月生活资金为准，原因如下。

原因 1
1个月的目标容易达成

一开始就做对的事，后面会简单许多。先让自己有达成目标的成就感，会让自己更有力量去面对后续的还债过程。而设定 1 个月的生活资金就可当成理债计划的第一个目标，在你完成这个较不困难的目标后，自己更有信心解除身上的债务，同时准备好一笔小额预备金来保护自己。

原因 2
打破债务循环

身陷债务的人最大的危机不是要还的钱太多，而是没有尽快止血让自己陷入无限循环的债务里。负债的人如果还是跟以往一样随意用钱，很容易因为资金不足又去借更多的钱，或是利息过高让每月还的本金太少。打破这种夺命循环利息的最好方法，就是去做跟借钱相反的事。什么是跟借钱相反的事？就是存钱。而这 1 个月的救命金就等于在银行里存下一笔钱，同时也准备好最初的紧急预备金。

原因 3

阶段目标在于减少每月利息

提前还本金的好处是让利息越缴越少，多出来的资金就可以拿去还更多的债务本金。所以身上背债的人若想存到 6 个月预备金，在现金流吃紧的情况下，就会付出过多原本可以不用缴的利息。当然，1 个月的预备金在防护上绝对不够，但已经可以减少许多突发事件的冲击。而且别忘了，身处负债的人本来就应该在工作上更努力表现，保护好自己现有的工作与现金流，同时减少发生意外的机会，让这 1 个月的预备金不用承担过高的风险。简单来说，除了工作外其他时间少出门，待在家也比较省钱。相信我，用这段时间的牺牲换取未来健全的财务状况绝对值得。

原因 4

债务每减少一半就多存1个月预备金

前面说过 1 个月的预备金其实并不够，所以当你把债务减少到原本的 50% 时，就是加码再多准备 1 个月预备金的时候。而且因为届时的还款金额已比一开始少许多，所以第二个月的预备金就会更快达成，提前还贷款本金的计划也不需暂停过久。这 1 + 1 个月的预备金还有几个意义：告诉自己已经还清一半债务，知道自己的财务状况正在改善；砌高保护墙，让自己更加远离债务。

当你把债务继续减至最初的 25% 时，就再追加第三个月的预备金。存足这 3 个月的预备金后，接下来就可以将最后 25% 的债务一口气全数还清。一旦还清所有的债务，再把剩下 3 个月的预备金缺口补齐，或是如前文所说依个人条件准备足够的预备金。

请务必记住，相对无负债的人，准备紧急预备金对有负债的人更为重要。准备第一个月的预备金也可以扭转财务劣势，从借钱行为开始变成存钱行为，心态上会有很大的转变，同时让自己无后顾之忧地全心清偿债务。

还债之路，就从存下第一个月预备金开始！

富朋友语录

如果你觉得存钱很痛苦，
那一定是没感受过缺钱的恐惧。

面对它吧！
个人预算真的很重要

你是否曾有类似的经验？每个月当工作薪水发下来时，很高兴地去 ATM 提款机取了生活费出来放到钱包里，过了几天突然发现钱包里的钞票都没了。你知道这些钞票并不是被偷走了，而是你的脑袋想不起来这些刚被取出来的钱花到了哪里，你只有模糊的印象这几天确实有花钱买东西，但就是无法明确地回想起花在了哪里。接着你只好再领一次钱，隔了一阵子同样的情况再度发生。如果你有类似的经验，或是你常常遇到买东西时钱不够要临时去取钱的情况，小心你可能已经陷入金钱管理中的一个盲点……

这盲点就是：你的钱，走丢了！

我常跟我朋友用认真的眼神但玩笑的语气说："如果你不知道你的钱去了哪里，通常都是去了别人口袋里。"意思是钱都是在无感的状态下被花掉了。而要防止"钱走丢"这样的情况发生，需要的就是规划预算的，只是在个人理财或金钱管理中，预算的重要性一直被人忽略。

设定预算是一个看不见、摸不着的事情，因为诉求的是未来用钱的规划，所以在没有急迫性的情况下，少有人真的好好坐下来规划自己的预算。除了没有认识到预算在个人理财中的珍贵价值外，另外有些人的潜意识会告诉自己，设定了预算好像就会绑住自己的"自由"，不能再随心所欲花钱，也因此预算常常是理财中容易被忽略的领域。

预算不只要控制消费，更要规划未来

其实预算真的很重要，就像你要盖一栋房子，你不会打个电话就请工人直接来家里施工吧？你会先找设计师和施工人员坐下来好好规划蓝图，决定房子要盖成什么样子，要怎么施工，施工需要多久，最重要的是计算出要花多少钱。或者是今天你打算买一辆车子，你会先思考身上有多少钱可以买车，然后再去展会看有哪些车款适合你的需求。你会先评估，接着详细计划，最后再下决定。

预算的用处就是如此，它不只是用来控制你的消费，它就像规划建一栋房子，能帮助你规划出想要的人生，过想要的生活，让钱依你的指令去行动，而不是盲目地被花掉，一直走进别人口袋里。个人理财的预算也不需像企业或是政府部门所谈的"预算"那么严肃，个人预算的规划比较像是一种现金流的规划，把你的钱按照你规划的现金流分配到适合的地方。**当你可以明确告诉金钱该去哪里，你就等于有能力管理金钱，而钱会自然流向善于管理它的人。**就像是工作上我们喜欢在有能力的领导者手下做事，你的钱也会希望找到管理能力好的主人，告诉它它该做什么。

预算也能让你预先管理未来支出，避免突然现金流不足。试想一下每年到了缴纳保费的时候，你会有"这个月又要多花钱了……"这种无力感吗？还是你总能够轻松地缴纳，因为你每个月都早就规划好一笔钱要拿来缴费？显然后者比较善于管理金钱，掌管好自己的未来。

疯狂节省不是预算的目的

除此之外，预算也是为了规划更多可用资金来做理财，从自己身上找出更多的钱来投资。当每个月的工作所得进来时，除了必要生活费一定要进到别人口袋外，其余的资金运用就会决定每个人的未来财富。这笔钱是要存在银行还是拿去投资？是要提前偿还贷款还是要拿去买保险？有多少钱要拨到退休账户？这些事情虽然没有急迫性但都是重要的事。如同举办奥运会的国家不会在举办的前一年才开始准备运动场地，想要在未来达成财务自由的目标也是需要经过长期的规划。

另外要特别说明，做预算是希望能够增加财富，但绝对不是要你疯狂地省吃俭用，那样只会让你越过越辛苦，最后放弃做财务规划的念头，这不是我们做预算的目的。

让人不想做预算的另一个原因，就是认为做预算过于麻烦跟困难，以为每笔花费都要精算完整才叫作好预算。

CHAPTER 3　让收入变储金的现金流管理秘籍

确实，我们规划个人预算的目的是希望能够百分之百地掌握自己的金钱流向，不过那不代表我们一开始就要做到那么棒，是吧？要念研究生也要先经过初中、高中、大学的教育过程；想要挑战美国职业棒球大联盟也要先练习挥棒才行，没有人一开始就可以把事情做到完美。规划个人预算同样也是一种练习过程，只要有练就会慢慢熟悉，哪怕你只是简单地列出未来几笔开销，都是一个好的开始。不在乎一开始能够做出多好的预算规划，而是能不能慢慢地掌握未来的金钱花费，我们并不是要经营一家上市公司，你的预算只是要给自己看。

试着回答以下问题：你现在能不能大略估出每个月的生活费是多少钱？每个月房租或房贷是多少钱？每个月水电要缴多少钱？每天的餐费大约是多少钱？如果你能回答得出上述任何一个问题，你已经做到初步的预算，只是差在你还没有把它们记在纸上或电脑里。

说到这儿，相信你已经知道做预算的重要性。至于如何开始执行个人预算，方法就在下一篇，而且简单到让你不觉得是在做预算，却能完整规划好未来各种需要的资金。

最轻松的预算规划：功能账户理财法

畅销书作家T. 哈维·埃克（T. Harv Eker）曾在他的著作中介绍过一套金钱管理系统，叫"六个罐子"，这套管理方法包含许多财务管理的观念，可惜在书中他并没有对这套方法多做说明，加上他是美国人，对于金钱管理态度跟华人有不少差别。后来我自己研究并实行后，将它改良成适合中国人习惯的财务管理方式，并称之为"功能账户理财法"。

提到账户，一般直接想到的是银行里的账户，不过这里说的账户可以更广泛地定义为"可以存放金钱的地方"，信封袋、红包袋、存钱筒、空罐子都可视为一个"账户"，每个账户将依规划的"功能"来存放金钱，所以称作"功能账户"。但真正重要的不是你用什么容器来放钱，而是在这系统背后的金钱管理观念。我之所以认为它适用于每个人，就在于**它结合了预算规划、先支付给自己、赚取被动收入与实现财务自由的观念**。

85

在详细说明这套存钱系统前，先分享一下我个人执行后得到的好处。在使用这个方法前，我本身就有一套金钱管理的系统与规则。我拥有自己的被动收入、有自己的存钱守则，每个月都会照比例将钱分配给不同的需求，不过我那时还没有发展出一套系统将它们整合在一起，而且对系统中重要的两个特色"聚焦"与"平衡"尚无完整概念。

后来我开始把原先的方法整合进功能账户理财法后，发现虽然我的实质收入没有增加，可是存钱速度却加快不少，而且对金钱管理的心态更为全面与快乐。更令我惊讶的是，我的被动收入来源重心从原本只有投资型的被动收入，开始增加事业型的被动收入。被动收入的来源总数也慢慢增加了，这部分是我完全没有意料到的。

▼功能账户理财法的优点

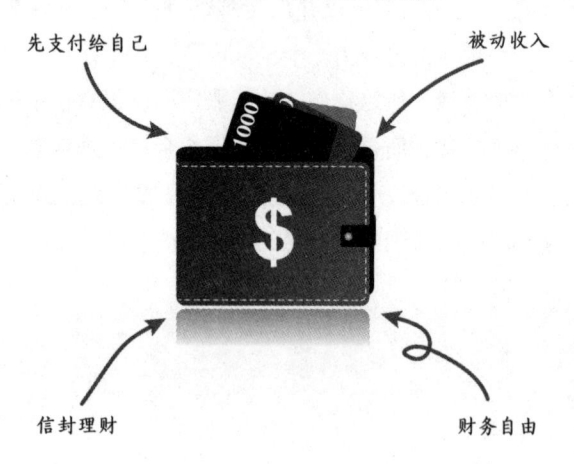

先支付给自己

被动收入

信封理财

财务自由

3个步骤
学会功能账户理财法

步骤1
定义各账户的功能

当你每月薪资所得进来时,要先将薪水依照功能性分配到不同账户。各账户都有独立的功能,用来支付当前、短期、长期的资金需求。比如,你每月都会存一笔钱用作投资,就可以设定一个账户叫投资账户。账户的分类与数量依自己的需求而定,一般来说4～8个账户应该就足够了,也比较好管理。

为了更清楚地说明分配流程,这里举例适用最多人的5个账户来做说明,如果没有特定需求,建议可从这5个账户开始管理收入。

投资理财账户

这是专门用来存投资本金的账户,是要让你提早退休,实现财务自由的一个账户。存在账户里的钱有个规定,在非必要情况下,里面的钱进与出都只能跟投资有关,绝对不能提领出来花用。如果投资有获利或是生利息,也要继续存回这个账户里。何时才能花用这个账户里的钱?当实现财务自由或是退休时,在此之前都要让账户里的钱不断复利增值。

自我成长账户

这里的钱是存下来提升自己竞争力,增加自己大脑知识用的。比如,下班后想要去进修第二专长或是加强外语能力,课程费用就从这里支出;或者是每个月买书来充实自己的大脑,也可以从这里支出。像我个人有定期阅读的习惯,每个月都会固定分配钱去买书,这个账户对我来说就很实用。

尽情享乐账户

这个账户的钱是允许你任意花费的,设立的原因是让你维持工作赚钱的动力。如果一个人爬山一直用最大的力气往上爬而没有休息,总有一天他会停下来无力再往上爬。这跟我们存钱理财一样,存钱是为了将来能够有更好的生活,不过无止境地牺牲短期快乐只会让我们越走越慢,结果因为心理不平衡而一次就花掉大半存款。所以这个账户就是让我们适当地释放压力,同时控管自己花过多的钱在玩乐上。

长期计划账户

这是用来满足大笔消费金额的账户,如出国旅游、汽车首付款、3C产品等,凡是需要存一阵子钱才能支付的物品,其他4个功能账户又不能符合的时候,就需要利用这个账户来实现。另外,如果你有一个计划支出是多年后需要支付的,比如小孩的教育基金,或是出国留学基金,也可以通过这个账户来准备。

生活必需账户

这个账户是用来支付"必要"的衣食住行费用，比如房租、房贷、水电燃气费、交通费、保险费、信用卡费等，也就是说，为了生存下去所要花的钱都归类在这个账户里。

步骤 2

决定各账户的存钱比例

我们要设定每月工作收入分配到各账户的比例。在规划时有两个重点：投资理财账户的比例不可以是最低的；每个账户都要分配到钱。原因稍后再解释，下面是标准版比例。

- 尽情享乐账户 10%
- 自我成长账户 10%
- 长期计划账户 20%
- 投资理财账户 10%
- 生活必需账户 50%

▲每月薪资扣除所得税后的比例

举例，小玉每月的税后薪资收入是 29400 元，那么各账户分配金额为：

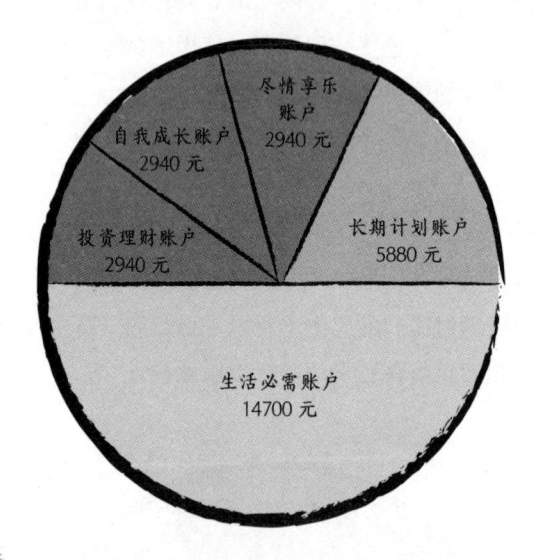

- 自我成长账户 2940 元
- 尽情享乐账户 2940 元
- 投资理财账户 2940 元
- 长期计划账户 5880 元
- 生活必需账户 14700 元

> 步骤 3

决定各账户的分配顺序

现在我们已经决定好各账户的比例，那么当每月领到薪水时，该把钱先分到哪个账户呢？这时就要好好实践前面提过的"先支付给自己"的观念，虽然在分配的优先顺序上并不会使存入金额有所差别，不过心理上会因为先后顺序而提醒自己哪个账户最重要，以及把付钱给别人的行为留到最后。也就是说，第一个优先要分配的账户，就是能让你提早退休、实现财务自由的投资理财账户，而生活必需账户里的钱都是要给别人的，所以排在后面。至于其他账户就可依重要性决定分配顺序。以下是我建议的分配顺序。

▼功能账户分配顺序

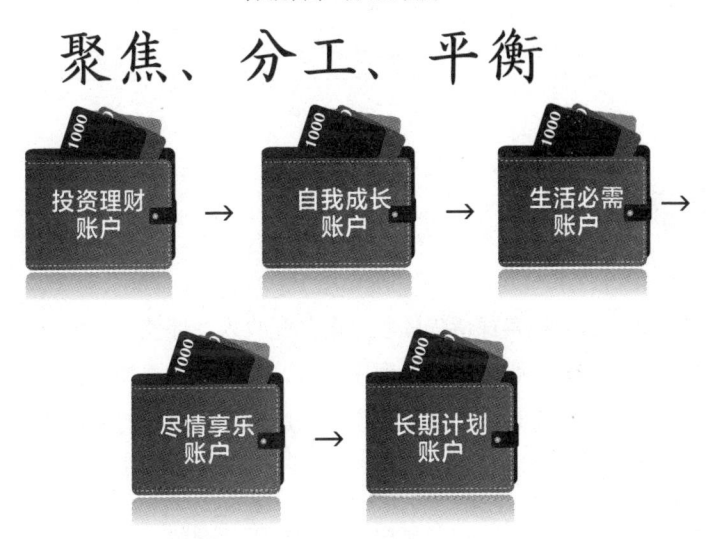

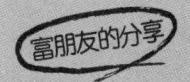

聚焦、分工、平衡

投资理财账户 → 自我成长账户 → 生活必需账户 →

尽情享乐账户 → 长期计划账户

精简版功能账户理财法

如果你觉得一次管理5个账户太复杂，可以试着整合成4个基本账户，分别是投资理财账户、尽情享乐账户、长期计划账户、生活必需账户。其中，自我成长账户并入长期计划账户里一起管理。等待上手后再把各账户功能分开，甚至加入自己独有的专门账户，如小孩教育费账户、结婚账户都可以。

3个特点让你财务更自由

特点1
聚焦

为什么要照前面所提的顺序来分配收入？即使只是用银行转账到不同的账户，也要照这个顺序转账，原因就是要聚焦。当你越专注于某件事，那件事情就越会扩大，所以要让自己的大脑习惯专注在最重要的目标——财务自由。

同样原因，自我成长账户的钱放在第二顺位，因为个人学习可增加自己的职场竞争力，帮助自己在工作中升迁，赚取更多的薪资收入，可分配到投资理财账户的钱也就会变多。前面提到我有能力建立起更多的投资收入，也就是因为一点一滴累积知识。

特点2

分工

　　若你经营一家公司，你会让所有员工都做同一件事，还是会指派员工做不同的事？或是你要组一个篮球队，队伍中应该有前锋、中锋与后卫，还是只有打同一位置的球员呢？试想一下，如果整个球队都是后卫的话，这支球队会变得如何？相信很容易就会因高度不够而一直被对手得分吧！所以功能账户理财法就是要达到分工的目的，让每个账户都有专门的工作要做，形成可支应短、中、长期不同开销的现金流系统。

特点3

平衡

　　规划个人预算的时候，现金流平衡是件很重要的事，然而这只是指金钱数字上的平衡，在分配现金流系统中更重要的是让你的情绪也得到平衡。想象一下，当你努力工作加上省吃俭用终于存下一大笔钱，有天因为工作上的压力或是遇到不如意的事，让你决定"今天要好好犒赏自己"，这时候冲动性的消费往往会让你一下子花掉很多钱，甚至把辛苦存下来的钱一次花完。

　　所以，设置尽情享乐账户是为了平衡你的工作心情，避免类似情况发生，当你每个月辛苦存钱进到投资理财账户时，也要懂得运用享乐账户来维持自己努力工作与存钱的动力。这也是建议投资理财账户与尽情享乐账户都分配10%的原因，因为你需要的是心理上的平衡,当你存下 10% 的钱去投资,同时也有 10% 的钱可以享乐时,理财之路才会走得更长久!英语"Work hard, play hard"(努力工作,尽情享乐)就是这个用意。

> **富朋友语录**
>
> 赚钱要努力,花钱别用力,
> 存钱需毅力,投资务必靠脑力。

功能账户理财法的存钱比例可以调整吗？

每个人的情况不同，可以按照自己的需求去分配比例，标准版的分配只是作为一开始的参考。不过有个重点要把握：投资理财账户一定要视为最重要的账户！也就是说，你不能随意减少投资理财账户的比例，该账户的存钱比例也不能是最低的，最好保持在每月存入薪资收入的 10% 以上，其余的账户才可以做比例增减的动作。要知道这个方法是为了帮助我们管理好金钱，让我们实现财务自由以及提早退休，所以绝对不要去删减能够让你财务自由的资金。

若生活费超过所得50%……

有些人可能会遇到这样的问题：50% 的生活费还是不够生活开销，怎么办？首先你必须先检视所用的生活花费是否为必要支出，试着让生活简化一些，以降低生活费。若检视过所有的必要花费后，生活费仍然超过所得 50%，这时在分配比例上就必须做调整，而且要先从投资理财以"外"的账户开始调整，真的不足时才考虑降低投资理财账户的比例。比如，一个所得较低的人，分配比例可以调整为：

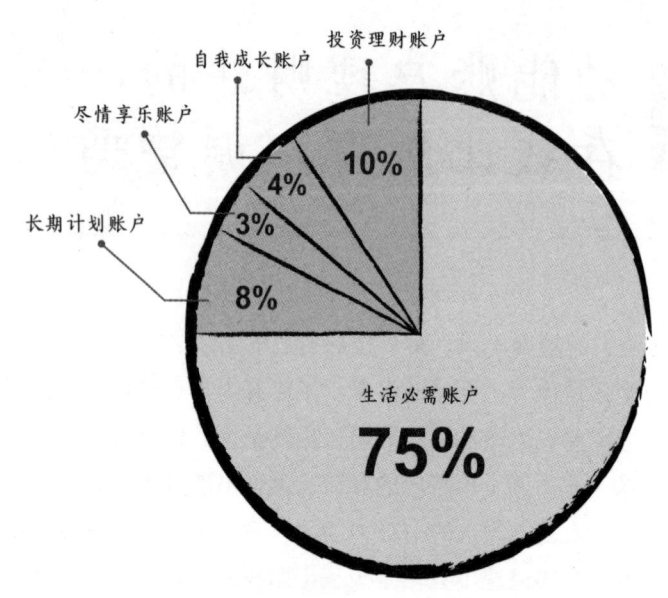

投资理财账户 10%
自我成长账户 4%
尽情享乐账户 3%
长期计划账户 8%
生活必需账户 75%

▲之后目标仍是把生活费比例降到 50%

若生活费低于所得50%……

如果你想更快实现财务自由，可以试着降低生活必需账户比例，把多余的钱存入投资理财账户。前面提过作家托马斯·斯坦利调查的美国百万富翁，多数在致富前生活都比较简单，他们会尽量降低生活上不必要的开销，然后把这些钱拿去投资在能产生收入的资产上。因此，若你的生活费已能控制在 50%，那就试着降低到 50% 以下，把多出来的钱转存到投资理财账户，让更多的钱帮你工作。

功能账户理财法是一套简单又有效的财务管理方法，因为简单所以有让人持续执行的动力，因为简单所以你会更清楚自己的财务状况，这也是我把功能账户整合进电子记账本的原因，透过财务规划区的分配来实现这套财务管理方法。

> **富朋友的分享**
>
> **多个财务自由存钱筒加快存钱速度**
>
> 为了加快财务自由的脚步，建议在家准备一个透明存钱筒，每天回到家就丢钱进去。重点不是放多少钱进去，而是做这个动作提醒自己持续聚焦在财务自由上，等到里面的钱累积到一定金额，再整笔存到银行的投资理财账户里。这样做就可以在繁忙的工作中，定时提醒自己财务自由的目标。而选择透明存钱筒的用意，是为了将存钱过程视觉化，当你看到里面的钱越来越多，自己的存钱动力与成就感也会越来越强。

你的存钱效率有多高？
一定要关心的理财指标

现在你已知道如何分配每个月的收入，同时为自己的短、中、长期规划存钱。现在我要再告诉你一个更有用的理财指标，能够加快你的存钱速度，只要持续追踪它，就可以存到更多的钱。

这个指标就是**存钱效率**。这是一般人存钱时很少注意到的自我检视指标，也是我在学习理财后才渐渐得出的想法：注重存钱效率比注重存多少钱还重要。当然，如果以数字结果来看，每月、每年能存下的钱越多越好，不过如果少了存钱效率这个指标，你很可能拖慢自己变富有的速度，甚至让自己赚得越多，却变得越穷。

什么是存钱效率？直接举一个例子说明。李先生与小曹两个人每月薪水都是 50000 元，李先生会存下其中 15000 元，小曹则是存下 20000 元，在这样的情况下我们会觉得小曹比较会存钱。不过如果再细看两人的收入与支出情形，发现李先生因为有老婆小孩要养，所以在扣除必要开销后，每个月的可支配金额为 25000 元；而小曹是单身，每个月扣除必要开销后还剩下 40000 元可支配，就存钱效率来说，李先生其实比小曹还会存钱。

李先生的存钱效率：15000 ÷25000 ＝ 60%

小曹的存钱效率：20000÷40000 = 50%

上例有三个关键词：必要开销、可支配金额、存钱效率。必要开销就是每个月一定要支出的钱，如房租、房贷、水电燃气费、伙食费等；每月收入所得扣除必要开销后就是可支配金额；最后能存下来的钱占可支配金额的比例就是存钱效率，以公式表示如下。

$$存钱效率 = \frac{真正存下的钱}{每月可支配金额}$$

聪明的你应该体会到关注存钱效率的用意，就在于从能存下"多少钱"转变成能存下"多少该存的钱"。两者乍看之下好像只是文字描述方式不同，不过其中的差异不小，最主要的就是差在一个是观察静态的金额（存多少钱），另一个是观察动态的比例（存下多少百分比）。**长期而言，持续追踪动态比例来存钱，比只看静态数字能存下更多的钱，特别是当你因加薪而收入变多时。**

提到加薪，很多人可能会想大叹一声："难呀～"不过在职业生涯中多少还是有收入往上调升的机会，表现好的甚至一两年就会加一次薪。当收入往上调整时，每个月的可支配金额就会变多，所以接下来就有两种选择处理多出来的钱：先存下更多的钱，或是提升生活品质。你觉得多数人会选择哪一个？

别因为提高生活品质让自己变得更穷

是要先存下更多的钱还是先提升生活品质？通常我相信多数人会选择"先存下更多的钱"，不过我担心有更多的人会把钱花在"提升生活品质"。很无力，因为我们所处的社会环境就是这样：名牌包、贵妇鞋、帅气房车、流行潮衣、新款智能手机、超酷 3C 等。广告媒体一再提醒我们有钱就该拥有这些来犒赏自己工作的辛劳，而这也让多数人陷入"收入越高，花越多的钱"的无限循环。

不过先暂停一下！我可不是要大家只追求极俭的生活，我要强调的是，提升生活品质并非不行，赚钱让自己过好一点是应该的，只是别一下子提升太多。

这就是我强调存钱时要注意存钱效率的原因，因为只看自己存下多少钱，反而会花掉更多不该花的钱，改用百分比衡量才可以解决这个问题。举个例子：小进每月赚 30000 元，其中 20000 元是必要开销，剩下的可支配金额是 10000 元，他存下其中的 8000 元，剩下的 2000 元可自由花费。工作几年后小进收入增加到 36000 元，因为加薪所以他决定每个月存 10000 元，自己也很高兴能存的钱变多，变得更富有。

我们来看他的存钱情况：

▼小进加薪前后的存钱状况

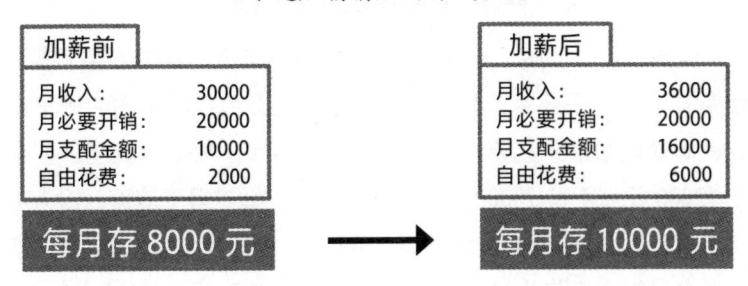

加薪前	
月收入：	30000
月必要开销：	20000
月支配金额：	10000
自由花费：	2000

每月存 8000 元

→

加薪后	
月收入：	36000
月必要开销：	20000
月支配金额：	16000
自由花费：	6000

每月存 10000 元

很不错，每个月存的钱从 8000 元变成 10000 元，但你是否注意到他的自由花费增加更多了，从 2000 元变成 6000 元。所以加薪让小进表面上变得更富有（多存 2000 元），但实际上的财富增长力道却变弱，而这力道就是我所说的存钱效率。

如果加入存钱效率来衡量小进加薪后的存钱情况，他就会清楚发现加薪后反而没有真的存比较多钱，存钱效率反从原本的 80% 下降到 62.5%。

▼改用存钱效率检视存钱状况

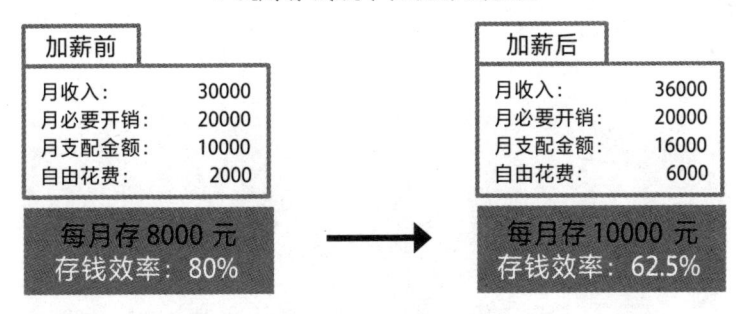

加薪前	
月收入：	30000
月必要开销：	20000
月支配金额：	10000
自由花费：	2000

每月存 8000 元
存钱效率：80%

→

加薪后	
月收入：	36000
月必要开销：	20000
月支配金额：	16000
自由花费：	6000

每月存 10000 元
存钱效率：62.5%

关注存钱效率，才能增加财富

我想你已经了解，只是一个简单的观念转变，从关心存下多少钱变成检视存钱效率，其中的差别竟然这么大。以小进的例子来说，如果他知道自己要维持 80% 的存钱效率，加薪后就应该要存下 12800 元而不是 10000 元。而他也不需因此过得更节俭，因为可自由花费的钱从 2000 元增加到 3200 元，比加薪前多 1200 元，算是对自己努力工作换得加薪的奖励。这就是我一开始所说的："提升生活品质是应该的，不过别一下子提升太多。"

所以理财真的很有趣，是吧？观念不同，结果不同；方法要对，才会正确。很多平时理财少注意到的细节，其实正是提早实现财务自由的关键！

> **富朋友语录**
>
> 你可能无法靠存钱就致富，
> 但你会因此而踏上那条路。

贷款都是用生命换来的

贷款是一把两面刃，控管得好能够让你财富提升，控管得不好就会变成拖累人生的凶手。自从资本主义主导世界金融后，信用扩张已经是这个世界经济运转的关键，透过信用来购买东西已成理所当然的事。但是你在运用贷款的同时，有没有注意到这也许是整个金融体系刻意营造的催眠环境，各大银行不断透过广告、电视节目，让每个人认为运用贷款买东西是正常的行为，用信用卡分期付款是聪明的方式。

但其实，这些贷款都是我们用生命自由换来的。

先来思考贷款的用意。基本上，多数人都是在购买需支付大笔金额的物品（房子或车子）时才会贷款。以房子来说，金额动辄数百万元至数千万元，上班族根本无法不贷款，而且房子买了之后有机会增值，所以办贷款买房子比较合理。但是车子呢？车子就不一定得贷款，而且车子一落地马上跌价，等于是借来的钱瞬间消失，我认为买车子并非要贷款不可。

不过现代人办车贷买车已经是很正常的事，电视广告也会先算好首付多少，每月再分期付多少就可以马上开回家，还提醒你车贷是零利率。但事实上有贷款免利息那么好的事？其实车商或融资银行都是先把利息加在月付金额中包装成零利率再售出，不信的话，

103

改天你抱着现金去买车，车商一定会尽可能给你折扣，不然就是加送原本没有的配备。

再者，当你贷款的时候，其实是预支了生命来消费。如果说我们今天活在远古时代，只能以物易物或是以劳力换取生活物品，人们过着付出一天劳力换取一天食物的规律生活。在这样的时代，若你想在家储存一年的食物该怎么办？唯一能做的恐怕就是用更多的劳力来换取，但因为一天的工作量只能换取一天的食物，所以想要一次拿到一年的食物就必须先承诺某个人，接下来一年的时间免费为对方工作，而且绝对要守信用，不能落跑或不干！换句话说，你是拿一年 365 天的工作人生去跟对方换取一年的食物。

现在回过头来想想你要买一辆车子，一般来说要花数十个月的薪水才能用现金买到。这时该怎么办？要不就慢慢存钱等待钱够了再买，要不就先预支数十个月的薪水来买，而后者就等于在远古时代预先换取粮食，用未来的生命换取当下不足的现金。有句名言是这样说的："富人管辖穷人，欠债的是债主的仆人。"我想很多人都不愿意当仆人，不过事实上许多人早已经是了。

如果可以的话，不要急着买现在还买不起的物品，当你贷款的同时你就是用生命与未来时间换取当下的享乐，如果你目前还承担不了那样的消费，还是乖乖选择现在就能支付的生活吧！

信用卡是刷掉你的信用，还是刷掉你口袋里的钱？

时常收到网友针对记账方式的询问："为何刷信用卡可用余额要先扣除？不是下个月才要缴卡费吗？""刷卡的钱能不能记在缴卡费时？"类似的问题都指向同一个想法：认为刷卡的钱应该在缴费时才算支出。信用卡的好处确实是可以让现金流晚点流出去，但晚缴费与晚付钱的差别很大，意义完全不同，其中关键就在你是刷掉自己的信用，还是刷掉你口袋里的钱。

思考一个有趣的问题：银行为何要发行信用卡免费借我们钱消费？一般来说，刷卡当天到缴费期限会有 30～45 天的间隔，所以刷卡买东西的钱是银行预先借给你的，如果你在缴费期限前把这笔钱还给银行，银行不会收你任何利息跟费用，这段时间等于银行完全免费借钱给你花用。你有想过银行为什么那么好吗？如果你觉得银行本来就该这样的话，换个角度想，你愿意把钱借给不认识的人，只要 30 天内对方还钱就不收任何利息吗？通常不会愿意，借钱哪有不收利息的，既然我们都不会平白借钱给人，那为何银行会那么好心？

105

越多人刷卡，银行越赚钱

其实银行会那么好心，是因为有一定的比例可以收到利息钱，因为大部分人在刷卡时都是当作预支信用在消费，还是有人会过了期限却没有缴费，这时银行就能赚到利息。

银行是怎么计算信用卡利息的？实际计算方式有些复杂，不过简单来看就是一旦你没有全额缴清卡费，利息就会从刷卡日当天开始计算，直到缴清卡费为止，借多久钱就计算多久利息，一天都不会少。也因此，银行都希望使用信用卡消费的人越多越好，因为越多人刷卡就有越大高的机会可以赚到利息。

这也就是你在使用信用卡时，心态上是用信用在消费，不是用口袋里的钱在消费，两者差别很大的原因。口袋里的钱是指当下可以花费的金额，比如这个月领到 4 万元薪水，扣除生活费跟必要开销后还剩 1 万元可以用，这 1 万元就是我所谓"口袋里的钱"。一般来说，银行判断一个人的信用额度会看他未来能够承担多少贷款，信用正常的人，卡片额度应该可以比月薪多两三倍。由此可知你的"信用"有机会大于你"口袋里的钱"，特别是你银行里没有多余生活费存款的时候，因为每个月可用的钱差不多就等于月收入。所以当你用信用卡所消费的钱超过当下实际可支付的钱时，等于在预支信用消费。

举个例子：假设你想要出国旅游，旅费是 3 万元，可是当下你口袋里的钱，也就是银行存款与身上的现金，加总起来只有 2 万元，这些钱无法支付你出国玩，你只好选低于 2 万元的行程，但至少不会透支消费。

若改成刷信用卡呢？如果你的信用卡额度还够 3 万元的话，那么刷一下卡就可以出国了，但这时你也一步步走进信用透支的陷阱，因为你已经开始透支你的信用在消费，而这也是银行乐见的行为，因为当你缴不出钱时银行就能收取利息。

心态差别影响口袋深浅

或许有人会想，只要我下个月领薪水，在缴费期限前缴清不就没事了吗？如果这样想就代表你的现金流开始出现盲点，因为消费的同时你在心态上应该当作这笔钱已经花掉，无论是不是刷卡，东西确实已经拿回家了，所以现金流实际上已经形同支出，如果你没有足够的钱可以消费这件物品，你就不应该刷卡买它。如果你是用信用卡额度或是延后付费的想法在控管你的消费支出，那你就是不断预支自己的信用在消费，无论实际上有没有透支。

这就是为何银行很乐于调高你的信用卡额度，因为如果你是用刷卡额度来管控消费的话，一旦信用卡额度被调高，就代表你可以消费的上限也变高。不知不觉间你就会预支更多的信用来消费，万一某天你突然现金流吃紧，没办法全额缴清信用卡，"砰！"你就掉入银行早早设好的陷阱。陷阱早就在那，只是看你会不会跳下去而已。

107

所以，你是用什么样的心态在刷卡消费呢？如果你是用刷掉信用的方式在消费，建议你快快把信用卡剪掉，换成有多少存款就能刷多少钱的银行卡。若你跟我一样，每刷一笔信用卡都视为花掉现金，如此使用信用卡才是安全的，也才能真正享受到信用卡带来的优惠与便利。

富朋友语录

刷卡刷口袋里的钱，叫消费；
刷未来的钱，叫透支。

为何提前还清贷款如此重要？

思考一个问题：现在有两个人要办贷款，一个是收入不稳定有时领 2 万元有时领 8 万元，月薪平均是 5 万元，而且领的是现金，没有收入证明；另一个在公家单位上班，由政府每月支付薪水 3 万元，你觉得这两个人谁比较有能力跟银行贷款？去问每家银行，答案肯定是后者，而且可贷金额也比较高。为什么月薪 3 万元可以比月薪平均 5 万元还容易办到贷款？银行会说因为是公务员、有稳定的薪水、有存款收入证明等，这些都是有利于贷款审核的条件，但我认为最实际的说法是：在银行眼中，后者的"未来"比较有价值。

如果今天要你借钱给别人，先不管你跟对方是不是好朋友，决定借与不借应该来自你认为借钱的人"还不还得起"。对于银行而言，借钱出去最怕的也是贷款人无法还钱，所以拥有稳定可预期的未来收入是银行核准贷款的重要考量。

但其实对于办贷款的那个人来说，也等于把自己未来的自由抵押给银行。

不然为何每月只领 3 万元的人，可以在"现在"就比平均月收入有 5 万元的人拥有更多的钱？就是因为贷款的人把未来好几十个月的收入，先集中到现在一次就拥有。拿计算器按一按就知道，3 万 × 12 个月 × 5 年 = 180 万，如果每个月不吃不喝，需 5 年才能存到 180 万，而且要确保这 5 年每个月都有工作收入。不过若去贷款，银行马上就能给你 180 万。文件签一签，电话确认一下，银行账户就多了好几个零。

当然，每件事都有它的代价：借钱付利息，人之常情。

有一句话是"你要我的本，我要你的利"，套用在银行借钱上一样道理。出来办贷款总是要还的，办了贷款之后，银行就会计算每月要缴的本金与利息，对借钱的人来说就是一笔固定支出。既然是固定支出，就代表不论台风要不要上班，公司这个月有没有发薪水，老板下个月会不会裁员，小孩有没有吃饱，这笔钱都要支出。时间到了没缴该缴的钱，只能拿信用破产或是抵押的房子向银行还账，代价比缴不出钱更大。

尽快还款的3个原因

所以,如果我们身上有贷款,最好就是尽快还清,归纳原因有三个。

原因1 因为贷款是种固定支出

如果今天想要降低每月开销的话,从固定支出着手会更有效率。比如,你想要省钱所以试着将每日伙食费减少10元,一个月下来可省300元。若换成每月固定要缴的手机费来看,你可能只是每个月少讲几十分钟的电话就能省超过300元。

再来,因为固定支出大多是不得不支出的项目。当你没钱时,你可以吃得简单点,但是房租或房贷可不能不缴!所以降低固定支出比省吃俭用还更能改善财务现金流。而因为贷款几乎都是固定支出里的金额大项,所以射人先射马,擒贼先擒王,降低贷款支出是减少月支出最有效的方式。

之前国内发生水灾,某栋大楼的地下室进水使住户的车子都变成了泡水车。当水退去时新闻现场采访到一位民众,她的车子因泡水而完全报废,她泣不成声地跟记者反复说:"我该怎么办?我该怎么办?还有好几年的车贷要缴!这样子要如何活下去……"现在回想起那画面真是心酸,车子因为泡水而报废,但贷款却要一毛不少地继续缴。

原因2　买回自由

如果身上有坏债务，把未来的自由都抵押掉，那还想什么财务自由？英文里有句名言："When you get in debt you become a slave."（当你有了债务，你就成了他人的奴隶）当你向银行办了贷款，等于是将未来的自由签给了银行，买回自由的唯一方法就是还清贷款，那时才真正把信用、房子握在手里。记住，在还清贷款前，借你钱的银行拥有抵押权，房子不是100%是你的。

原因3　反向投资

有人借钱，就有人在赚利息，就跟投资一样，借钱给别人的一方赚取利息也是一种投资报酬。如果把贷款方（债务人）跟银行（债权人）之间的资产负债表与现金流向画出来就很清楚。

▼贷款方与银行的资产负债表现金流向

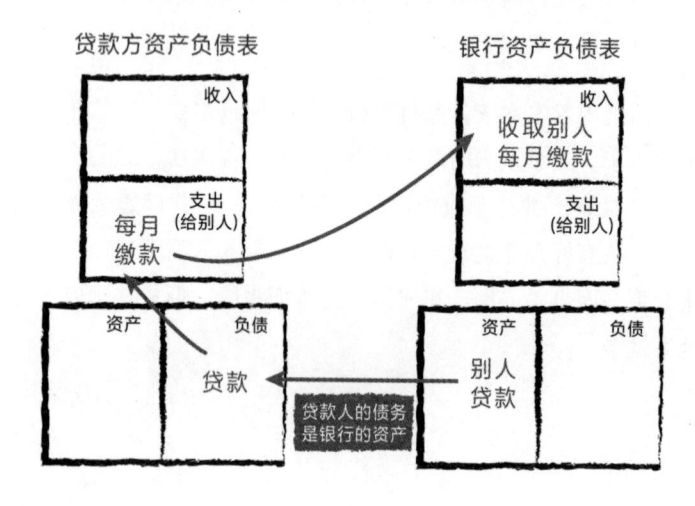

贷款方资产负债表		银行资产负债表	
收入		收入 收取别人每月缴款	
支出 每月缴款	(给别人)	支出 (给别人)	
资产	负债 贷款	资产 别人贷款	负债

贷款人的债务
是银行的资产

当你向银行贷款时，这笔贷款会同时出现在银行的资产项目及你的个人负债里。因为你每个月要缴款给银行，缴的钱就变成银行的收入。除了本金，多出来的利息就是银行在该笔贷款的获利，也等于资产报酬。若你能够提早还贷款本金，减低负债，你就是在做反向投资，将债权买回来，把自己的正向现金流拉高。

举个例子，假设办一个偿还期五年的 10 万元信用贷款，贷款利率 5% 采用本息平均摊还法，每个月要缴的本金与利息合计是 1887 元。因为是本息平均摊还，表面上看起来每个月是固定缴相同的钱，但实际上这些钱是采用"先还利再还本"对银行有利的还款方式。第一年还的钱是 1887 × 12 = 22644 元，其中本金只有 18053 元，利息为 4591 元，也就是说第一年缴的 22644 元中，有将近 20% 都是利息！所以在本息平均摊还的情况下，越提早还清贷款，等于总缴的利息越少；从反向的角度来看，你还款的这笔钱等于帮自己创造更多的现金流。

早日还清贷款才能拥有财务自由

所以身上有债想要让自己财务更好的人，应该多了解自己的财务状况，并制订提早还款的计划。至于有些人可能会想"把多余的钱拿去还债而不投资太可惜了"。这句话要架构在你拥有靠投资赚更多钱的能力之上，不然理当要先把自己的财务体质调整到最好，等贷款缴清后再将每个月多出来的钱分配到投资账户里。

提早还清贷款是我给现在身上有贷款的人的建议，除了房贷因为金额较大、期数又长之外，其余的贷款都要尽早还清，先买回自己的自由，之后才能财务自由。当然，若有余力，房贷也要尽早还清比较好。

> **富朋友语录**
>
> 身上有债，人老得快；
> 身上有财，笑口常开。

滚雪球还债法，提早跟负债说拜拜

提前还清贷款可以让我们更接近财务自由，增加每月可用于投资的钱，不过如果身上同时背有很多贷款怎么办？我相信这个问题困扰不少人，而且很多还是深陷债务循环爬不出来的人。在此分享一个有效清除债务的方法，帮你从债务中解脱出来。

打破旧式还款观念，从最少余额开始还起

一般来说，要还清身上多个贷款都会从借款利率最高的开始还。这样想很直觉也看似合理，因为利率越高要缴的利息越多，先还清才划算。只是这个方法在数学计算上虽然正确，却没有考虑到人在还贷款时面对的压力。而滚雪球还债法就是先考虑人面对债务时的压力，先建立一个正面积极的还款心态，这比数学计算正确重要得多。

方法很简单：从贷款剩余金额最少的开始还，而不是从借款利率最高的开始还。后续我会用5个步骤一步一步教你执行，同时告诉你为何滚雪球还债法比传统还债方式更有效。

5个步骤滚动还款雪球

步骤1 列出所有的债务

还债之路最怕的是不敢面对自己欠钱的事实，不愿意认清自己有多少负债。所以首要步骤就是认清现有事实，面对并承诺把债务都还清，不让债务持续扩大。现在就找一张空白纸，把你所有的贷款列成清单，并依照以下栏位写上贷款资讯：贷款名称、贷款剩余金额、每月应缴金额。

贷款名称	贷款剩余金额	每月应缴金额

步骤 2 决定还款顺序

步骤 2 是滚雪球还债法的关键。在清单上依照贷款剩余金额"由小到大"排出还款顺序，剩余金额一样的就将借款利率较高者排在前面。之所以先从余额最少的开始还款，是为了能在最短时间内将第一笔债务清偿掉，让自己感受到债务有被还清的可能。如果从借款利率最高的开始还，有可能你第一笔债务还了好几年还无法还完，反而会让人感觉债务没有还清的一天，失去还债的动力。

步骤 3 全力还清排名第一位的贷款

排完顺序后，下个月开始就集中火力去还第一顺位的贷款，其余的就只缴应缴金额，只要不再增加新债务及利息就好。若是身上有多余的资金，一样拿去还第一顺位贷款，目标就是用最短的时间还清最少余额的贷款。

一旦还清最少余额的贷款后，接下来就可以把表上的该项贷款打叉划掉！同时给自己小奖励，庆祝自己还清一笔债务，让自己更有动力继续还清下一笔债务。但记得这个小奖励不能破费太多，意思意思就好。

步骤 4 继续全力还第二顺位的贷款

还清最少余额的贷款后，接下来就是集中火力还第二少的贷款，而且你现在的火力更大了，因为原本每月要缴给第一笔贷款的钱都将累积起来还第二笔，此时拿去缴第二笔贷款的钱将变成：

第二笔贷款每月应缴金额＋原第一笔贷款每月还款金额

所以懂了吗？之后你的还款速度将越来越快，就像滚雪球般越滚越大，直到最后一笔还款金额是原本的数倍都有可能。只要这样坚持下去，债务将一笔一笔被还清，而你也就离财务自由越来越近。

步骤5 还清所有债务，开始准备投资

当你无债一身轻时，除了该有的庆祝外，也别过于放纵，因为你还没有真正实现财务自由，还是要保持管理金钱的习惯，绝不可以觉得手头宽裕就乱花钱，而是要把这些钱拿去做投资理财，开始帮自己打造财务自由之路！

按照这5个步骤来面对债务，你会发现等于拥有一个债务清偿系统，从而可以更有效地还款。相较于一般人习惯收到账单后再想办法挤出钱还款的方式，用滚雪球还债系统能更有效地帮自己脱离债务循环，转往投资理财的世界。

建立个人自动化存钱系统

有个很有趣的现象，许多人谈到省钱与存钱都会跟克制花钱欲望联想在一起，心中会想"如果要存更多的钱，就要更努力工作，假日少出门，能走路就不搭公交车，能吃泡面就不吃便当……"这些人或许当下存了不少钱，他们靠着惊人的意志力存下不少金钱，这当然值得肯定，只是单靠意志力，有一天是会崩溃的。

有段时间我就是抱着这样的心态在存钱，直到崩溃的那一天。

存钱别靠意志力，小心有一天会崩溃

如果单看存钱的速度，我自认比同期的人快许多。从学生时代开始，虽然没有过着苦命的生活，不过也曾为了省钱一个月只花基本生活费用，假日也很少出门。加上第一份工作的积蓄，以及对股票投资的研究，银行累积的存款始终让自己很满意，只是心情没那么满足。因为长时间靠着意志力存钱，人家休息我工作，假日别人出游我拼命学习投资新知，省吃俭用的痛苦让我满脑子想尽快变有钱，这虽然是种动力，但也把我推向贪想用更快的方式来增加财富。

众所周知，捷径的快速总是让人心动。

因为心理不平衡，那段时间除了会一吐怨气反而花大钱来犒赏自己，我还把钱投资在不熟悉的领域。那时，除了股票以外其他投资工具我都不熟悉，但是为了快速增加财富，为了补偿自己省吃俭用甚少出游的不平衡心态，我想承担更大的风险，即使风险大到我自己都不知道能不能承担，我仍戴上眼罩视而不见，见而不思。我原本自豪的意志力就像泡沫一样"啪"地破掉，当然下场就是财富减少。好在熟悉的股票投资一直是我的核心投资方式，虽然在其他投资领域受伤，但还是站得住。

好了，心酸的事就不再多提，重点我想大家应该知道，投资当然要选择自己熟悉的领域，这点务必记得，你不会想像我一样亲身体验过才了解这重要性。在那次意志力崩溃事件后，我开始思考如何有效地存钱，同时又让自己的心态维持平衡。这也是我现在要分享给大家的经验，从单靠意志力存钱转成舒服地存钱，而且能省下许多钱，还能少花很多不必要的开销，我的心情却更平衡，生活比以前更满足，投资也就不会想乱找捷径，投资成绩越来越好。一样存到钱，执行过程也相同，只是调整方法后心情就完全不同——我开始将我的存钱过程自动化。

你也可以让钱自动存起来

存钱过程自动化有两种意思，一种是大部分缴费支出都不需亲自处理，省下更多的时间给自己，有更多空闲时间去管理你的投资；另一种是你自动就会知道这个月还能花多少钱，不需纠结吃一个便当要选15元还是20元，你可以清楚知道当下能花多少钱，而这是最大的好处，不用再为预算感到烦恼。

▼自动化现金流分配系统

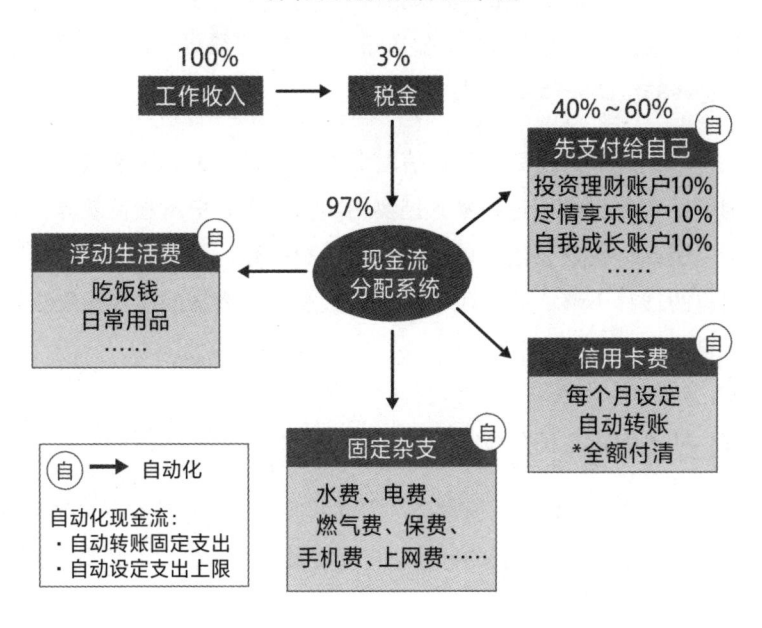

工作收入 100% → 税金 3%

97% → 现金流分配系统

先支付给自己 40%~60%（自）
投资理财账户10%
尽情享乐账户10%
自我成长账户10%
……

浮动生活费（自）
吃饭钱
日常用品
……

固定杂支（自）
水费、电费、
燃气费、保费、
手机费、上网费……

信用卡费（自）
每个月设定
自动转账
*全额付清

（自）→ 自动化
自动化现金流：
·自动转账固定支出
·自动设定支出上限

上面是我自动化理财系统的简图，每个月当我有一笔收入进来，我会先保留所得税，剩下的钱就进到自动化系统里。接下来虽然好像有很多步骤，但实际上都是自动或半自动进行的，在家跷着脚就能完成。

首先我会依照功能账户理财法规划的比例分配要存的钱，然后在生活必需账户里预留当月要缴的水电费、手机费、上网费等可设定的自动缴费的杂项支出，如果是设定信用卡自动刷卡缴费，就可以用记账的方式先在账本里预扣这笔刷卡金，把钱保留到下个月缴费用。我会尽可能将所有缴款通知单变成电子账单，这样家里就不有过多的纸制账单要处理。

每个月邮箱里都会收到信用卡电子账单，因为每笔信用卡的刷卡记录我已经用记账本管控实刷实销，也先把款项留着等待缴费。所以，我只要依账单所列金额缴费就好，不用烦恼生活费账户里的钱够不够，收到账单时也马上把全额缴清的需要设置成银行自动转账。

自动转账让你少花更多的钱

自动转账的好处，通常会认为可以省下出门的时间，在此我要分享一个很少人注意到的好处：自动转账可以减少"不必要消费"的发生。

现在缴费很方便，走一段路到住家附近的便利商店就可以缴，夏天还能吹免费的冷气。问题是，各大便利商店为何会提供这种近乎免费的服务呢？就是要你增加走进店里的次数。

以概率来看，你越常走进那扇叮咚门，就越有可能看到引起你购买欲望的商品，看到的越多花得也越多，反正代收费用这笔过路钱对便利商店是有利无弊的，又能同时增加店内消费，所以各大便利商店都积极推出这种便民服务，却也让人增加了不必要支出的可能（现在知道为何 ATM 也会出现在便利商店里了吧）。因此，办理自动转账的好处，就是能减少去便利商店的机会，相对地帮自己省下更多的钱。

自动转账还有一个好处，就是你可以延后支出到缴费最后期限，让这笔钱多待在银行里赚取利息，前提是在月初就预先将这笔钱从薪水中保留下来，之后就不需要再花脑筋考量各项支出的时间。

剩余的钱自动变支出上限

对于大部分领固定薪水的人来说，若你设定好自动转账且预先算好支出，每个月也依投资理财、自我成长、尽情享乐等功能将钱分配到不同的账户里，在领到薪水的同时差不多就会知道当月生活费还有多少钱。此时只要把这些钱取出来用信封袋分装，或是存到每月生活账户、金融记账卡账户，当月的生活费支出上限就自动完成。你不需时时刻刻衡量要省多少钱，因为你该存下来的钱已依功能分配好，能够花用的生活费上限也已控制住，一种对于消费的踏实感就会产生。

一旦清楚自己还能花多少钱，对于消费的欲望就会降低，而且因为剩余的生活费几乎只会花在基本的衣食住行上,很容易就可以管控好支出,达到预算的效果。如果真的看到克制不了想买的物品,也因为事先存下享乐费用而花得毫无负担。你的现金流都是自动分配完成的,所以会有更多的时间可以研究投资、陪伴家人,或是从事喜爱的休闲活动。

有效的简单就是力量

我常跟网友说:"过多的选择都是一种浪费。"投资理财是条长远的路,途中你会发现很多让人分心的地方,选择越多越容易分

> **富朋友的分享**
>
> **3 个步骤存钱自动化**
>
> **步骤 1**:按照前面的功能账户理财法,先规划好如何分配工作收入。
>
> **步骤 2**:列出各项费用的缴款时间,办理自动转账缴费或用借记卡、信用卡自动刷卡缴费。尽量将支出时间排在相同时段,如月初、月中或月底。无法用自动缴费的账单,就集中起来选一天出门缴费。
>
> **步骤 3**:将分配完剩余的生活费,用单独账户或信封来做支出上限的管理,限定花用在基本的衣食住行上。

心，一不小心钱就会被花掉。所以如果可以事先简化一些流程，将存钱理财的过程自动化，就可以将更多心力放在真正让你财务自由的地方，这才是存钱的最终目的，也是需要你最费心的地方。自从我开始改用这样的系统来理财，我存的钱一点也没变少，但是心态真的好了很多，也不再是单靠意志力才能存下钱。

> **富朋友语录**
>
> 把现有的钱管好，
> 才能证明你值得拥有更多。

信封理财法，居家预算好帮手

有个一家八口的家庭，靠着每月把全家收入分装在十个信封内的方式，不仅能维持家庭的生计，还能供孩子上课学才艺，后来更存到买下自住的房屋，这件事情还因此上了电视新闻。虽然在计算逻辑上令人不敢置信，但确实可看出如果善用生活中常见的信封，可以帮助我们提升理财效率，这就是信封理财法惊人的地方。

信封理财法的方法不难理解，就是把每个月的收入所得，依照不同需求分门别类地装进信封里，也可以用我们传统的红包袋来取代一般信封。不过虽然直觉简单是信封理财法的最大优点，但在实务上仍然有些不足之处，下面我就信封理财法的优缺点一一说明。

优缺点大不同

优点 简单、不透支、预算平衡

"简单"一直是理财系统中重要的一环,因为简单才能让人持续,信封理财法就完全具备此优点。每个月工作所得进来时,只要从银行提取现金出来,依照分类直接放进不同的信封,需要消费时再从信封中拿出来,这样就是一个简单又直接的现金流管理系统,随时可提领或放入现金也省去不少时间。

另一个好处,就是管控你的花费不会透支,因为当你发现信封里的钱剩下一点点时,马上就会知道该月在这个项目的钱已经快花光。比如,你规划每个月都要去餐厅吃大餐,预算是每个月 3000 元,如果月中时就发现信封里只剩下 300 元,就会知道这个月吃大餐的速度过快了,这样的警示正是信封理财法的一大好处,可以有效控制支出。

强迫预算平衡也是信封理财法的好处,当你发现某个信封里的钱不够,可是又非得花那笔钱时该怎么办?不用担心,你只需要挪用其他非必要支出的现金就可以了,但相对地被挪出现金的信封在该月可花的钱就变少了。平衡是规划预算上重要的观念,而这点信封理财法很容易就能实现。

缺点 保管不安全、没有利息

保管上的安全性是信封理财法的最大缺点,因为现金就直接摆在信封里，当你不在家时难免会担心被小偷"光顾"该怎么办。如果每天把现金袋带在身边也有遗失的风险与管理上的不便。这点单身上班族更需注意，因为上班时住家通常是空无一人，所以这些钱要放在哪里必须先规划好。如果家中时常有人就没这方面的问题。

无法赚到银行的利息是另一个缺点，虽然目前银行的利率很低，不过能够把尚未动用到的钱放到以日计息的银行，一段时间下来也能多存到钱，运用信封来理财就只好牺牲这些利息。

信封理财法的运用方式

运用信封理财法前，我们要先确定想要达到的功能是什么，然后再设定每个信封的用途。下面就列举三种信封理财法的运用方式：

1. 以周为单位分配每月所得；
2. 依照每月的支出类别分配；
3. 存下专款专用的资金袋。

1. 以周为单位分配每月所得

这种方式是以时间来控制消费。月初时即把生活费分配到每周花用，比如每月所得是4万元，平均四周下来，每周只能花用1万元，当周要存多少钱，花多少钱吃饭，花多少交通费等，都要控制在1万元以内。以周为单位来计算的好处是可以频繁且固定地检视个人财务，因为一周就只能花费掉一个信封里的钱，所以等于每周都要重新检视一次自己的财务。由于国内大部分是领月薪,多数人都是到了月底才检视自己的消费,但这种方法在领周薪或是双周薪的国家就很常见,他们也习惯以周为单位来平衡自己的收支,在此以周为单位分配每月所得也有类似领周薪的概念在。

要注意的是可能每月有一周或两周会有较大的支出,比如房租与水电费会集中在某周缴款,该周的信封就要预先衡量放较多的钱。如果缴钱时间是固定每月几号的话,月初时就要先看缴钱那一天是在第几周,然后弹性做调整。

2. 依照每月的支出类别分配

这种方式是以消费种类来分配每月所得,只要准备数个信封,在信封外分别写上不同消费项目的名称,每个月领到钱就依照预算比例把钱放到信封中。一般来说,大部分消费项目就是以下几种:

当月要储蓄的钱;
伙食费;
房租/房贷;
水、电、天然气费用;
保险费;
手机费;
交通费;
孝亲费。

用类别来分配的好处是可以管控每个项目的支出,不过要准备多一点信封,也因为信封比较多,所以实务上要先适应才不会互相搞混。另外还要注意,因为是以月为单位来结算,所以有可能会在月初不小心花掉较多的钱,到了月底才看到信封里的钱不够用而缩减开销,这就要时常确认信封里还剩多少钱,免得到了月底钱不够用时只能吃泡面度日。

3. 存下专款专用的资金袋

第三种运用信封理财的方式,就是指定某几个信封做专款专用资金。比如,喜欢旅游的人,就可以指定一个信封当作旅游资金,领到工资就分配一些钱进去,每次出游时再从这个信封拿出资金,因为是专款专用,所以这里面的钱不能用于其他消费,如此一来就

> **富朋友的分享**
>
> **这么多个信封如何管理?**
>
> 信封理财法在实务上会因为袋子太多不好管理,每次拿钱都要翻找才会找到想要的信封,所以在收纳时可以发挥生活智慧,寻找方便将信封集中管理的方式。下面提供三个实务做法作为参考:利用多页式文件夹收纳信封、利用DVD收纳袋将信封逐个收好、找一本没在阅读的书将信封夹在书页之间。
>
> 信封理财法虽然是早期的金钱管理方法,实务上也有不方便保管的缺点,不过对于刚开始学习理财的人,非常适合当作预算管理入门,搭配功能账户理财法一起运用更能提高理财效率。

可以控制自己花费在旅游上的钱，想要存多一点钱出国玩时也会比较好掌控存钱进度。

其实，前面介绍的功能账户理财法也是专款专用的概念，所以部分账户经常使用到现金时，就可以把信封当成管理工具的一部分。还有个重点是可以在信封袋上写下目前袋子里的资金数目，除了方便确认金额外，若要存下较大笔的资金，透过进度视觉化的方式也比较能够鼓舞自己，增加继续存钱的动力。

富朋友语录

理财是种计划不是危机处理，
要在钱进来之前就先管理它。

善用零存整付，强化你的理财效率

在个人财务管理中我很重视简单，因为这样才有机会形成系统，让我可以聚焦在更重要的理财项目上。而通常会让个人理财变复杂的项目，都不是大额的支出或投资，而是小钱、小账单、小支出等，比如每月的手机费、水电费或保险费。之前提过，可以的话，应该把一些能够自动缴款的项目办理自动转账，使缴款变成自动化系统。而年度或半年才支出一次的项目，就可利用零存整付这个小工具来帮助我们，让自己不用费心去准备这些钱，将更多的心力放在财务自由目标上。

大部分银行都会提供零存整付的存款方式，与一般所知的定存不一样，零存整付是你跟银行约定每个月固定存一笔钱到指定账户，然后每个月新存入本金和累积利息会加总到下个月计算复利，最后到期时再一次性把本金与利息领出来。

这个方法可以帮助强迫储蓄，适合初期没有理财基础的人，每月固定存钱到账户里。不过我们现在并不是看中零存整付给的利息，而是这个方法带来的金钱管理便利性，多赚利息钱只是额外的好处。

零存整付的最佳使用时机

如果一笔钱在未来有明确的支出日期，而且属于固定支出、必要支出的款项时，就可以运用零存整付来备存，比如：

所得税；
年缴保险费；
年缴的房租费用；
小孩每学期的学费。

以台湾地区的所得税来说，既然多数的工作所得都要缴税，与其缴税时一次性大笔支出，不如每个月预存一些钱放在账户里待缴，这样每月的收支现金流也会变得比较稳定，不会每次缴税时当月支出突然暴增。以一个上班族年缴 16900 元的税金来说，用 12 个月分摊下来，一个月平均约为 1410 元。

接着只要在缴所得税前 12 个月先用零存整付规划，每个月固定存 1500 元，以 1 年期定存利率 1.3% 来算的话，到了缴税时就可领回 18127 元去缴税。

▼零存整付每期账户累积价值（12 期、1.3%）

期数	每月存款	每期账户累积价值
1	1500	1502
2	1500	3005
3	1500	4510
4	1500	6016
5	1500	7524
6	1500	9034
7	1500	10546
8	1500	12059
9	1500	13573
10	1500	15090
11	1500	16608
12	1500	18127
赚得利息		127

从上表来看，如果改用零存整付准备税金，最后拿回的钱还能赚127元利息，这些钱虽然不多，好歹也能去换几杯星巴克咖啡。不过重点仍然是让自己不用为准备所得税烦恼，也不会在缴所得税当月有入不敷出的情况。

同样的观念，只要是在未来某个明确日期有计划要支出的款项，都可以善用零存整付的方法。当然如果站在投资要赚钱的角度，是不建议只把钱放在银行生利息当作投资，而应该做更多元的资产配置，只是因为这些要缴的钱属于必要支出，拿去做投资就要承担损失风险，所以平时应该将这些钱先从收入中拨出来备存，剩下的钱再专心拿去投资理财。

阶梯式存钱法，善用10块钱每年多存1万

某次我在逛国外理财网站时，看到有人分享一种存钱方法，用很简单的1星期1美元的概念让自己多存钱。一开始看到这张表我没有太多感想，因为我有自己的存钱计划，想说照着自己规划走就好。然而一个星期后我看到越来越多人分享这种存钱方法，接着又过了两个星期、一个月，这种方法仍不断被讨论着。这时当然引起了我的好奇心，一张那么简单的表到底能够给人什么帮助？在我认真思考后，我看到了这张表的价值，虽然很简单但真的有用！

所以是什么样的存钱方法呢？方法很简单，就是采用阶梯式递增的方式，强迫自己每个星期多存下10块钱，52周后就可以存到13780元（原国外版本是每个星期存1美元，换成国内我觉得每个星期存10元刚刚好）。

▼阶梯式存钱法 52 周挑战表

周期	存入	账户累计	周期	存入	账户累计
第1周	10元	10元	第27周	270元	3780元
第2周	20元	30元	第28周	280元	4060元
第3周	30元	60元	第29周	290元	4350元
第4周	40元	100元	第30周	300元	4650元
第5周	50元	150元	第31周	310元	4960元
第6周	60元	210元	第32周	320元	5280元
第7周	70元	280元	第33周	330元	5610元
第8周	80元	360元	第34周	340元	5950元
第9周	90元	450元	第35周	350元	6300元
第10周	100元	550元	第36周	360元	6660元
第11周	110元	660元	第37周	370元	7030元
第12周	120元	780元	第38周	380元	7410元
第13周	130元	910元	第39周	390元	7800元
第14周	140元	1050元	第40周	400元	8200元
第15周	150元	1200元	第41周	410元	8610元
第16周	160元	1360元	第42周	420元	9030元
第17周	170元	1530元	第43周	430元	9460元
第18周	180元	1710元	第44周	440元	9900元
第19周	190元	1900元	第45周	450元	10350元
第20周	200元	2100元	第46周	460元	10810元
第21周	210元	2310元	第47周	470元	11280元
第22周	220元	2530元	第48周	480元	11760元
第23周	230元	2760元	第49周	490元	12250元
第24周	240元	3000元	第50周	500元	12750元
第25周	250元	3250元	第51周	510元	13260元
第26周	260元	3510元	第52周	520元	13780元

这张表乍看下没什么，就是存钱而已。不过我总是认为有目标、有系统的理财方式，才能增加自己变得更有钱的速度，而这张看似简单的52周存钱挑战表就很符合这需求。来看看它的好处。

优点1 帮你养成储蓄的习惯

我在之前的功能账户理财法文章中有提到，为了加快财务自由的速度，最好是在家里准备存钱筒每天都做存钱的动作，让身体与大脑习惯储蓄的行为。现在结合这个方法就可以做到更有系统地存钱，每次存钱就不再是丢几个零钱进去而已，而是照着有步骤的阶梯计划来提醒自己储蓄。

优点2 把存钱目标由大化小

看看这张表最后一周存下多少钱？总共是13780元，这是我们52周后想要存下钱的目标。不过52周离现在还太远，人对长远的目标总是比较容易淡定看待，而太淡定正是多数人完成不了年度目标的原因，所以要将年度大目标化成每周进度，给自己更明确的小目标去完成。

优点3 茁壮你的理财成就感

理财是需要走一辈子的事，在储蓄途中每达成一个阶段目标，适时给自己成就感尤其重要。不过成就感可不是做些简单的事自我催眠就能拥有，职业运动选手为何身家上亿却还是那么在乎总冠军？就是因为目标有一定的难度，太简单就没有感觉。而我们从表中可以预期到要完成是有难度的，随着时间不断靠近最后一周，你所需要存入的钱就会越多,一般在 20～30 周之间就会遇到撞墙期,如果能够完成它一定会有成就感。

每年多存13780元能做什么?

巧的是,这 52 周存下的 13780 元,刚好跟许多理财入门书所举的存钱目标接近:每年投资 14000 元的本金,在年报酬率 20% 的复利成长下,40 年后你的存款将超过一亿元!

笑了吧,一亿元耶,这里面当然有过于理论的假设,光是年报酬 20% 就让一堆人做不到,更何况是连续 40 年。不过这道理还是提醒我们一个基本观念:平时要累积小钱,经过复利才能变成大钱。所以你只要把这每年多存下来的 13780 元,透过定期投资的方式转进几档稳定的绩优股票,时间一久获利就会很可观。比如,我们把投资 40 年的复利报酬率变成 10% 来看的话,最后能存到约 670 万元,这些钱出国玩个好几趟应该不是问题。

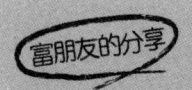

> **富朋友的分享**
>
> **量身定做 52 周存钱挑战表**
>
> 上网下载 Excel 表设计自己的 52 周存钱挑战表。你可以依需求设定每周要递增多存的金额,设定好后把这张表打印出来贴在存钱筒旁边,每完成一周的进度就填上日期做确认,52 周之后就可以很有成就感地大声说:"我完成挑战了!"

COLUMN 理财练习题

定做个人专属的现金流分配地图

阅读本书后，你对收入分配的概念应该清楚不少，不过实际动手操作一定会加深印象，现在就跟着这道练习题，一起来完成你的专属现金流分配地图。完成后记得将它贴在家中显眼的地方，时时提醒自己要做好现金流分配！下图是完成的地图范例。

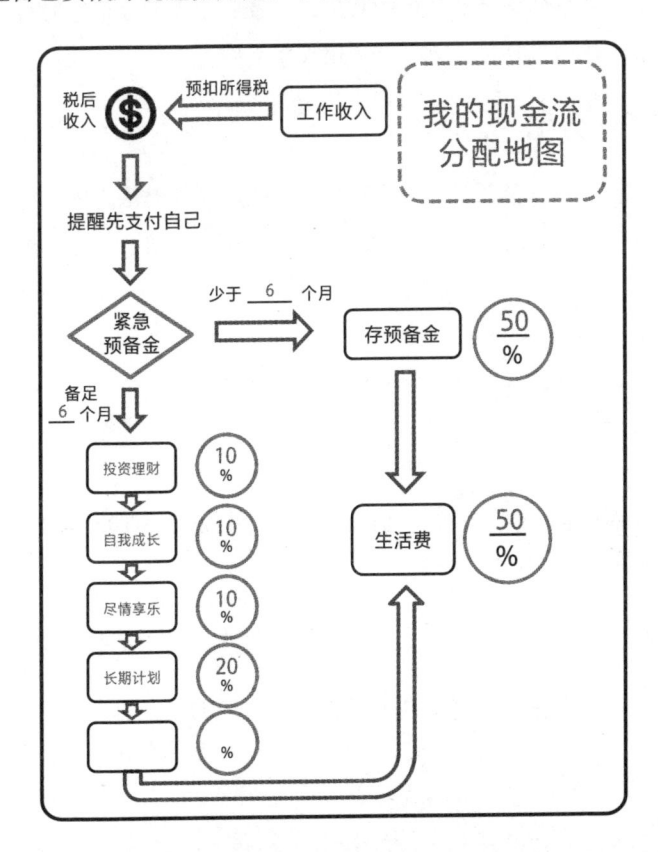

我的现金流分配地图

- 工作收入 → 预扣所得税 → 税后收入
- 提醒先支付自己
- 紧急预备金
  - 少于 6 个月 → 存预备金 50%
  - 备足 6 个月 →
    - 投资理财 10%
    - 自我成长 10%
    - 尽情享乐 10%
    - 长期计划 20%
  - → 生活费 50%

步骤 1　印

下载纸本地图并打印出来，或填写在下一页空白地图上。

下载网址：http://blog.17rich.com/bktool/icf/

步骤 2　填

填上紧急预备金要备足的月份，以及假使预备金不足时每个月要拨多少比例去补足，剩下的才用作生活费。

步骤 3　分配

若紧急预备金充足，每个月按照功能账户理财法，依重要顺序规划各功能账户的存钱比例，剩下的才用作生活费。

步骤 4　贴

将地图贴在家中显眼处，随时提醒自己。

使用现金流分配地图注意事项如下。

1. 分配薪资收入前，切记先预留所得税，所有分配的钱都应该以税后收入为主。

2. 一有收入就提醒自己：把钱先支付给自己最重要。

3. 先存足紧急预备金再开始做功能账户的现金流分配。

我的现金流分配地图

工作收入 → (预扣所得税) → 税后收入 $

↓ 提醒先支付自己

紧急预备金

少于 ___ 个月 → 存预备金 — %

备足 ___ 个月

↓

[ ] — %
[ ] — %
[ ] — %
[ ] — %
[ ] — %

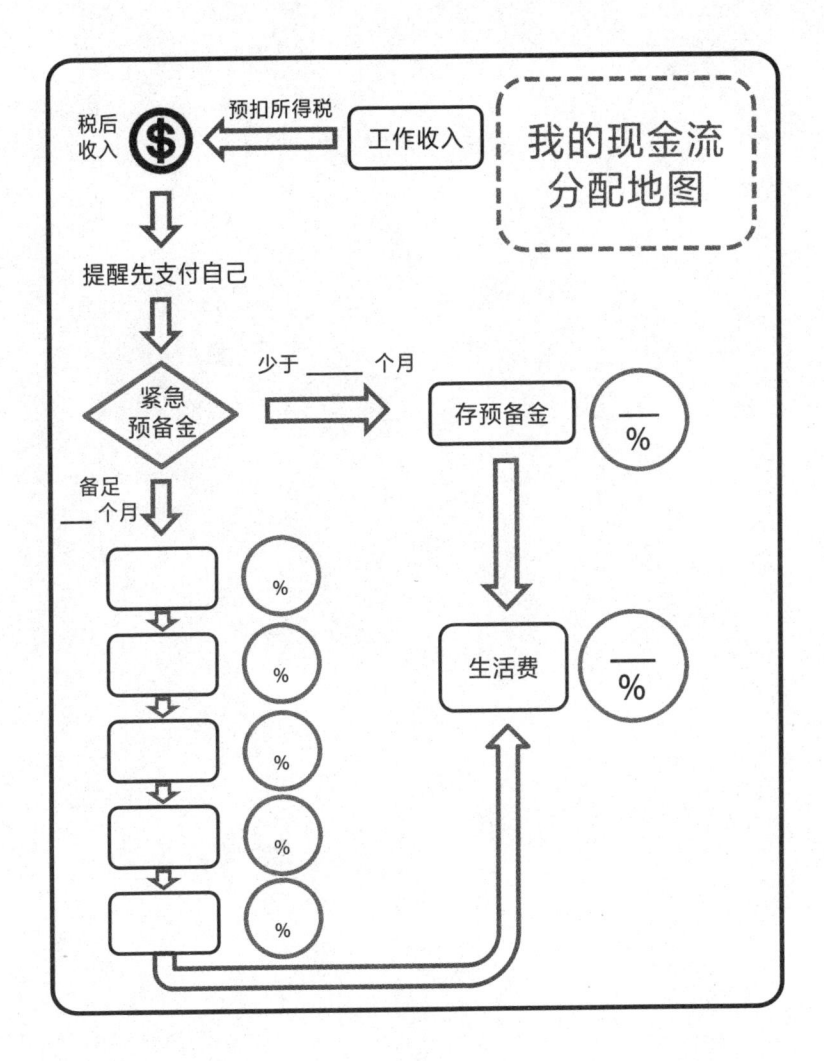

→ 生活费 — %

4

提早20年享受人生的稳健投资术

投资能让财富增长,道理看似简单,
但你所抱持的心态却是影响成果的关键。
在最后一章中,我将分享我的稳健投资策略,
学起来你也能建构工作以外的收入来源,
让自己在下班后赚到更多的钱。

赚钱形态有3种，你的是哪一种？

当我们开始累积存款，接下来就是要学习使这些存款发挥更大的效益，而投资可以说是最让人接受的方法。本章我就要教大家如何简单舒服地投资，让你提早享受人生。不过在开始学习之前，我要先说明几个重要的投资心态，这些心态足以决定你日后的投资成果。

有一次我到百货公司看电影，一般的电影院都处在高楼层，所以会选择手扶梯或是电梯直达。搭电梯一下就到电影院，不过手扶梯的好处是可以看看各楼层在卖什么。那天当我正在思考要如何上楼时，突然想到这不就跟我们的赚钱方式很相似吗？这些方式就是走楼梯、搭手扶梯，还有搭电梯。

赚钱形态 1

走楼梯

如果用走楼梯来表达赚钱方式，一般会认为就是指上班领薪水。然而并非如此，我认为上班比走楼梯还要累，但也比走楼梯还稳定一些，这点我后面会再提到。走楼梯的赚钱方式指的是创业当老板，你必须一步一步地走，只要方向对了收入就会随着阶梯往上增加，成果将不断地被累积，你的努力也就不会白费。不过可别以为走楼梯就一定是往上喔，如果创业方向错误，那就是往低楼层走，最后还可能走到地下室搞到破产负债。

　　走楼梯的形态还有个特色：很累。就跟人爬楼梯脚会累、会酸一样，创业的过程也是走一步就累一步，不过你走的每一步都是创业实力与财富能力的累积，而且最后成功时你会感受到莫大的成就感。这种感觉就像从一楼要到顶楼看风景，用走楼梯的方式当然会很累，不过一旦爬到顶楼心情也会非常爽快，看风景的感受也跟搭电梯抵达不同，心中会有股冲动大喊："叫我第一名！"

　　另外，走楼梯有人走得快，有人走得慢；有人爬很高，有人到一定楼层就不想再爬。创业也一样，有人经营事业飞得高又快，有人则是一小步一小步地稳定前进；有人经营一个小吃店就很满足，有人等到时机成熟就开始策划连锁加盟。这些都跟设定的目标及企图心有关，想要让事业版图变大就需要投入更多的时间、心力，或寻找更高的效率。而且楼梯要爬得更快更高跟体力有关，就跟创业能不能成功和经验也有关，好在不论是体力或是经验都可以经由不断练习而成长。

赚钱形态 2

搭手扶梯

　　搭手扶梯的感觉是什么？踏上踏板后，动都不用动人就往上走了。第二种赚钱形态就是这样，几乎不用做事也会有收入，也就是大家熟知的被动收入或是不在职收入。这方式我想不用多做说明，简单来讲有被动收入时不需要做太多事也会有收入进来。但"不需要做太多事"代表你还是要做些事，有些人在解释被动收入时会说，"不用做事也可以有收入，"这句话若让我听到，我一定会跳出来抗议，因为被动收入不是完全不用做事，只是花的时间较少，但相对收入可以较多。而且被动收入是在开始有收入时才不用做太多事，在产生收入前还是要投入不少时间、人力、心血，而且建构期间也很辛苦，但只要建立起来就轻松很多。

另一个手扶梯的赚钱形态，也是多数人熟悉的赚钱方式：上班。也许你会想，搭手扶梯不是很轻松吗？上班哪里轻松了？上班是真的不轻松，因为我说的上班赚钱方式虽然是搭手扶梯，但不是指正常方式搭手扶梯，而是搭上反方向的手扶梯。

上班就是这种感觉，你必须不断努力才能往上爬，而且你的努力不见得跟薪水成正比。今年帮公司多赚100万，但明年薪水并不会多100万，连打1折加薪10万都别想，这就好像站在反方向的手扶梯要往上走一样，花了比平常更多的力气也只会前进一点点，更难过的是薪水还常常原地踏步。

况且上班你还不能随便停下来，一停下来收入就会往下降或是被扣薪，如果离职那更是收入瞬间归零，这就好像站在手扶梯上不动，却一直被往反方向载下去。另外，上班族还有一种苦说不出来，就是没加薪等于变相减薪，因为实质收入不涨就会被通货膨胀给吃掉。所以为了生活与家庭你一定要不断地往前走，直到存够了本才可以退休，或是看清楚决定不继续玩替别人赚钱的游戏，只是对大部分上班族来说那天不知什么时候才会来。

不过在此我要申明，我不是要大家别上班，上班的好处其实很多，例如，可以有立即性的收入、较稳定的收入来源、比创业还稳定的生活作息等，但我觉得上班族一定要懂得利用下班时间学习建构被动收入，即使从每个月只赚100元、200元开始也好，累积经验时间久了，被动收入会渐渐增加，有一天就可以"逆转"你的手扶梯方向，变成站着不动也能增加收入的赚钱形态。

赚钱形态 3

搭电梯

搭电梯是三种形态中最快、最舒服的，有时搭到透明电梯还可以欣赏风景，听起来那么轻松的赚钱形态是什么？正是投资。

你可以投资一家公司当创投，也可以投资股票、房地产，只要选对投资标的，收入就会像搭电梯一样直直而上，但上升速度的快慢就要看投资眼光。相反，如果选错了投资标的，那就是直接下坠，本金亏损。若投资到诈骗公司、地雷股、凶宅或海砂屋，那就跟电梯缆线断掉一样，后果不堪设想。

如果想要事后轻松，事前辛苦是必然的。就跟建构被动收入一样，投资前也是要花很长的时间研究，在投入资金前做功课跟详细评估，或是多学习相关领域知识，加强自己的投资眼光，只有投资到优质标的时，才会跟搭电梯一样轻松，让钱一直帮你工作。

当然，搭电梯也跟搭手扶梯一样，如果方向对了都是可以让你不需花太多的力气就能够赚到收入，而这就是接下来我要谈的内容，让投资也变成一种被动收入。

投资股票
能不能是种被动收入？

提到被动收入，最常联想到就是当房东收房租。此外，出书、开创新事业、加盟连锁事业等也都有机会赚取被动收入。而股票投资在一般情况下较少被想到跟被动收入有关，大家普遍认为股票就是要"低买高卖"赚价差，保守一点的人更认为股票是种投机行为。所以今天我们要用两个问题来思考，看看股票投资到底能不能是种被动收入。先把答案告诉你：当然能！因为我就是这样赚的。

是否为被动收入？2个问题就知道

如果投资股票是为了赚股票上涨的资本利得，那当然就不属于被动收入，想赚价差就跟买房子只打算转手一样，都不属于被动收入。**有机会在股票上赚取被动收入的方法是买进股票等着公司配发股息，同时享受公司的获利成长。**

不过，单就每年领配股配息也不代表就是被动收入，还要看你投资的策略符不符合财务自由的条件，或是多快可以让你实现财务自由，这就需要考虑一些较复杂的公司基本面分析、财报分析与股票价值计算，这点留在后续说明（放心，我保证会用简单明了的方式让你看懂）。这里我们只用两个问题先初步判断，领股息是不是可以当成被动收入的一种。这两个问题是：

该公司有没有持续的配息能力？
该公司有没有机会让你回本？

第一个问题关系稳定的配息能力，如果配息不稳定那么也就无法靠股息养活自己，对吧？比如，某家公司去年一张股票配息15000元，今年变成不配息，后年再变成配20000元，这样的上下落差就无法接受，因为想要财务自由总不能这个月吃牛排，下个月改成吃泡面。

第二个问题跟损益有关，如果投资没有回本等于是亏损，所以追求回本仍然要视为目标。而判断领股息能够领到回本的必要条件就是：公司要存活得够久。从另一个角度来说，就是公司下市或倒闭的概率有多高。这是非常实际的考量，你必须确认在你赚回本金前公司还存活在市场上。如果可以，最好是这家公司不会倒闭，让你一辈子坐领股息。

如果在股市要找出符合这些条件，既有持续的配息，公司倒闭概率相对较低，又有机会让你回本的，市场上较熟悉的几家公司大概都会在名单上，如台塑、中钢、统一、"中华电信"等，我常跟朋友说这些都是拿出来讨论时，会无聊到让人想睡觉的公司，不过投资这些公司也确实可以安心睡觉，我想哪天邮局上市的话，也会适合放进名单里。也因此，我就以这些公司作为分析对象，来证明领股息当被动收入的可能,为了平衡一下风险与获利性,我把电子股里大家耳熟能详的台积电也一起加进来分析。

既然是要领股息就要检视这些公司配息的能力,为了判断能否长时间发得出股息,所以至少过去五年的配息记录都要找出来检视。下表就整理这五家公司过去十年的配息记录。

▼台塑、中钢、统一、"中华电信"、台积电历年配息记录

台塑(1301)之股利政策 (单位:元新台币)

盈余年度	2003	2004	2005	2006	2007	2008	2009	2010	2011	2012
现金股利	1.8	3.6	4.1	4.4	6.7	1.8	4	6.8	4	1.2
股票股利	0.6	0.9	0.3	0	0	0.7	0	0	0	0.4
合计	2.4	4.5	4.4	4.4	6.7	2.5	4	6.8	4	1.6

中钢(2002)之股利政策

盈余年度	2003	2004	2005	2006	2007	2008	2009	2010	2011	2012
现金股利	3	3.9	3.75	2.78	3.5	1.3	1.01	1.99	1.01	0.4
股票股利	0.35	0.5	0.35	0.3	0.3	0.43	0.33	0.5	0.15	0.1
合计	3.35	4.4	4.1	3.08	3.8	1.73	1.34	2.49	1.16	0.5

统一(1216)之股利政策

盈余年度	2003	2004	2005	2006	2007	2008	2009	2010	2011	2012
现金股利	0.6	0.36	0.65	0.6	2	0.44	0.8	1.4	1	1.4
股票股利	0	0	0	0.6	0.5	0.44	1	0.6	0.7	0.6
合计	0.6	0.36	0.65	1.2	2.5	0.88	1.8	2	1.7	2

中华电信（2412）之股利政策

盈余年度	2003	2004	2005	2006	2007	2008	2009	2010	2011	2012
现金股利	4.5	4.7	4.3	3.58	4.26	3.83	4.06	5.52	5.46	5.35
股票股利	0	0	0.2	1	2.1	1	0	0	0	0
合计	4.5	4.7	4.5	4.58	6.36	4.83	4.06	5.52	5.46	5.35

台积电（2330）之股利政策

盈余年度	2003	2004	2005	2006	2007	2008	2009	2010	2011	2012
现金股利	0.6	2	2.5	3	3.03	3	3	3	3	3
股票股利	1.41	0.5	0.3	0.05	0.05	0.05	0	0	0	0
合计	2.01	2.5	2.8	3.05	3.08	3.05	3	3	3	3

资料来源：各公司网站

问题1

有没有持续的配息能力？

　　从上表来看这五家公司这十年都有配息，可推测这些年都有赚钱才配得出股利，而且是年年都配得出现金。将其画成图会看得更清楚，下图是这五家公司配现金与配股票的综合图；直条图是现金股利，折线图是现金股利与股票股利加总。

投资股票能不能是种被动收入？

▼台塑、 中钢、统一、"中华电信"、台积电历年配息走势

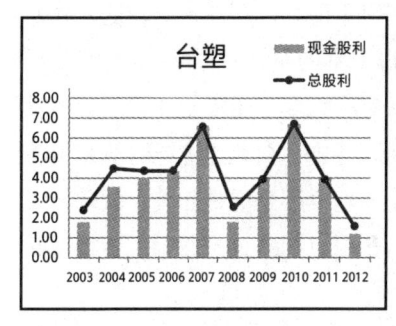

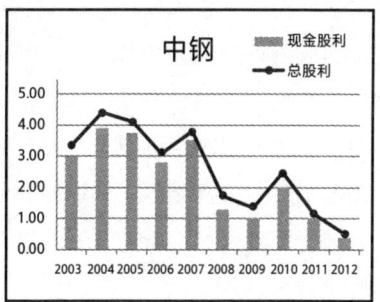

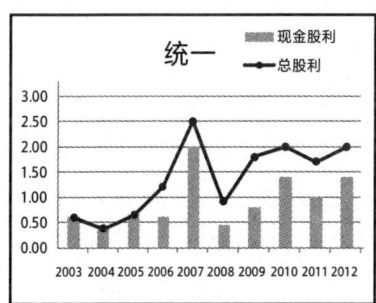

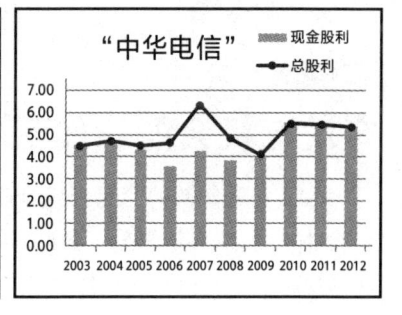

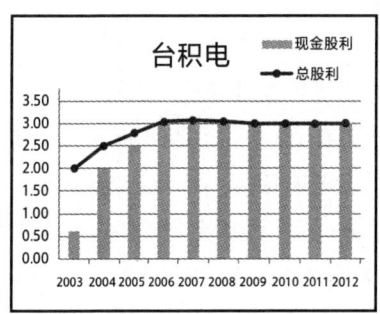

从图中可知这五家公司的股利变化，其中唯有台塑及中钢的产业循环趋势比较明显（近年配息明显下降），总体来说，这五家公司的股利都持续地配发出来。值得观察的是，在2008年五家公司中有四家都受到金融危机威胁，只有台积电稳定配出3元新台币股利，金融海啸时全球电子产业皆受到冲击，台积电这样的股利策略在电子产业中算难得，像这样的公司通常不是财报作弊，就是公司透过管理做好风险管控，我想以台积电目前来说是属于后者管理好的公司。

问题2

有没有机会能让你回本？

以这五家公司的产业规模来看，都有15年以上的历史，股票上市时间也有10年之久，最近这10年间经历两次以上的金融危机仍能存活下来，可见像这样的公司只要持有股票够久，回本的概率应该都相对高。

至于更深一层的问题：要领多久股息才能回本呢？这就关系每个人买进这家公司的股票成本，如果你是在2002年及2008年这两次的金融危机前后买入的，现在一定是笑笑地领股息，而且当成被动收入一点都不为过，搞不好这10年都赚回一两倍的本金了。如果是运气不好在股市高点时买入的，就需要多点耐心，比如在2007年年底以40～50元新台币那段时间买入中钢的人，就要等久一点才会回本。

在电影《让子弹飞》里有一幕，主角张麻子拿起枪朝目标射去，经过好一阵子不见子弹击中目标，旁人问：子弹怎么没打中呢？张麻子回答："让子弹飞一会儿！"意指开枪后要有耐心等子弹飞过去，才有打中目标的一天。虽然剧中一颗子弹飞那么久不符合现实，却也点出耐心是把事情推向成功的关键。同样道理，股票投资也需要耐心才看得到成果。只要操作策略正确加上有耐心，成为一种投资型被动收入其实并不如想象中那么困难，这也是我在后面教大家稳健投资法的目的，只要掌握几个投资要点，借由长期复利让投资部位成长，就可以打造出适合自己的投资被动收入组合。

不过说到投资复利，其实有不少人都误用它了，在下一篇我们就来谈谈实现复利真正的关键。

> **富朋友语录**
>
> 理财最快乐的事，就是自己在努力工作时，钱也正在帮你工作。

2个关键，搞清楚前别说你懂复利

我敢说，只要是关心理财的人，一定听过一次以上复利的观念，还有复利在投资理财中的重要性，几乎每本理财书或是电视节目谈投资时，都会提到要用复利达到理财目标。不过，即使如此，我发现很多人对复利的观念依旧只停留在数学计算上，而不清楚复利真正的重点，这也导致多数人虽然知道复利重要，也尝试实践复利投资，到头来却没有享受到复利真正的好处。

为了解释清楚复利的关键，我先说明复利的定义，若你原本就知道复利的意思，请听听我对复利不一样的解释。要了解复利，我们得先从单利开始说起，因为复利就是从单利变化而来的。

单利：本金生利息，利息不再生息

我喜欢用简单的方式解释数学计算，所以在进入数学表示单利前，先用"吃苹果"的概念来比喻。

想象你家后院种了一棵苹果树，每年都会结出很多苹果，长成果实后就可以采收来吃，吃完了就等下次再结果。这样的概念就跟单利很像，我们把一笔钱存入银行，这笔钱就是本金（苹果树），隔一阵子银行付利息（结出的苹果），然后我们把利息取出来花掉（把苹果吃掉），之后就等下一次银行再计算利息给我们。

例如，你把本金10万元存到银行，在年利率3%条件不变的情况下，过了一年银行就会给你3000元，第二年再给你3000元，第三年后一样给你3000元，直到你把本金10万元提领出来。若你是在领到第五年利息后就把本金领回，这五年你拿到的本利就是：

3000 + 3000 + 3000 + 3000 + 3000 + 100000
= 115000

扣除原本的10万元本金，你赚到的利息是15000元，等于是单一年度利息3000元的5倍：

3000 × 5
= 15000

由此可知，单利只会计算原始本金的报酬，每年生的利息并不会再生息。所以下次有人跟你说，只要投资10万元，五年后会连本带利给你12万元，每年的投资报酬率是4%，你就知道对方讲的报酬率是指单利投资报酬率（10万元每年4%利息是4000元，5年就是2万元）。

现实生活中何时会考虑单利计算？退休后靠着存款利息过生活就是，因为退休本金每年生出来的利息都要取出来当生活费，只留下本金生息，这种情况就是单利。另外一种就是借贷关系，比如

157

有人跟你借 10 万元,每年答应支付利息 3000 元,直到归还 10 万元,这也是用单利在计算。

复利:本金生利息,利息又再生息

如果不把利息取出来,每次都当作新的本金继续存在银行呢?以吃苹果概念来看,就好比吃完苹果把种子留下,埋到土里种出新的苹果树,之后新树长大每次采收就有更多的苹果。这种把利息加到本金里持续算利息的模式,就是复利。一般我们常听到的钱滚钱也就是指复利。

例如,你把本金 10 万元存到银行,在年利率 3% 条件不变的情况下,第一年银行支付你 3000 元的利息,若没有提领出来,隔年银行就会以 103000 元为本金去计算第二年的利息:

第一年利息:100000 × 3% = 3000
第二年利息:103000 × 3% = 3090

如果把复利每年生出的利息拿来跟单利对照,因为每年都会把利息当新本金再投入,复利最终拿到的总利息自然会比单利多。以同样初始本金 10 万元、3% 年利率来看,五年下来复利的加总利息会比单利多 928 元。

▼ 单利与复利的利息差别（本金 10 万元，3% 年利率）

年度	单利利息	复利利息
1	3000	3000
2	3000	3090
3	3000	3183
4	3000	3278
5	3000	3377
总共	15000	15928

现实生活中何时会考虑复利计算？如果你有定存的习惯，有些银行会提供选项，自动将你到期的定存单连本带利再续定存，这就是复利计算。另外，保险若有保单价值准备金，保险公司也会依照该保单计算的利率将价值准备金做复利增值。

复利的两个关键，缺一不可

搞清楚复利的"计算"后，接下来我要解释较少人认知到的复利两大关键。从上面复利的计算方式可推知，初始本金与报酬率会影响复利最后可领回的钱，尤其以报酬率最为重要，因为报酬率的大小会直接影响每年新增的利息，也就是再投入的本金多寡，既然是钱滚钱，滚大或滚小当然有差别。比如，同样是本金 10 万元，放在年报酬率 20% 与 5% 两个不同投资案上，经过 30 年的复利增值，两者的差异可达 2330 万元。

▼ 30 年复利成长的结果比较（本金 10 万元，复利 5% 与 20%）

单位：万元新台币

年度	5% 复利报酬 (A)	20% 复利报酬 (B)	B - A
1	10.5	12.0	1.5
5	12.8	24.9	12.1
10	16.3	61.9	45.6
15	20.8	154.1	133.3
20	26.5	383.4	356.9
25	33.9	954.0	920.1
30	43.2	2373.8	2330.6

以结果来看，当然是选 20% 的报酬率赚得比较爽快。所以外面很多投资机会就会用高报酬率去计算复利来吸引人，让人觉得只要短短几年财富就可以快速翻倍，很多人因此掉入数字陷阱里。要知道，这些不过是流于数学上的计算，我们应该要实际地思考：现实的投资机会中，要找到 20% 的报酬率比较简单，还是 5% 的报酬率比较简单？当然是 5% 的报酬率，更别说要持续 30 年以上的时间。

这就是复利的两大关键：长期和稳定。如果失去其中一个，复利在数学上的计算就不再成立，投资结果当然也就不会翻倍。

好比上述 20% 报酬率投资案，实际上是个不稳定的投资案，今年赚 20%，明年亏损 10%（以高风险高报酬来看待），依此重复到了第 30 年，会发现总领回的钱比每年稳定 5% 报酬率的投资案少约 11 万元新台币，稳定在复利中的重要性由此可见。

▼报酬率的稳定差异，30 年后大不同

单位：万元新台币

年度	稳定 5% 复利报酬 (A)	不稳定报酬 (B)	B-A
1	10.5	12.0	1.5
5	12.8	14.0	1.2
10	16.3	14.7	-1.6
15	20.8	20.5	-0.3
20	26.5	21.6	-4.9
25	33.9	30.2	-3.7
30	43.2	31.7	-11.5

另外，复利的特性在于所产生的本利和越到后期越大，所以如果投入的时间不够长，就无法赚到财富真正成长的那一段；不论你是中途需要用钱抽出本金，或是因为大幅亏损，拿回的钱都会明显比原计划的少许多。

相对来说，因为越到后面再投入的本金与利息越多，心理重视程度就会升高（投资 1 万元跟 100 万元的感觉一定不同），或者说对于亏损的恐惧感会跟着提升，这时报酬的稳定性就越重要。由此可知，长期与稳定这两个条件是相呼应的，所以我才说缺一不可。

从今天开始，当你听到、看到、想到复利这两个字时，一定要同时检视有没有符合长期与稳定这两个关键条件。缺少任何一个，复利的威力就会消失，变成一场只存在纸上的富贵梦而已。也因此，稳健投资的优先条件，就是要先赚到稳定又长期的报酬，这也是我在下一篇要提到的重要的投资观念。

投资就像打高尔夫球，先把球稳稳打进洞里

我想很多人都曾经被这些标题吸引，"三年赚到1000万""一个月赚取10倍报酬""某某某10万到上亿的故事"，每次看到这类的题材都会让我想一探究竟。老实说这些故事确实吸引人，我也不会预设立场认为这些故事全是虚构的，只是从现实来说这终究只是主角的故事而不是自己的，更残酷的是有些人认真地以为自己也能复制他们的方式快速致富，最后落得一场空。

在投资路上，很多人都想要追求高报酬的投资技巧，希望自己有一天也可以靠着投资而提早退休。**但在追求高报酬的路上却忽略了另一个重要的投资观念——必须先拥有稳定的报酬才行。**这是我在学习投资初期没能注意到的事，直到几次吃亏后才真正明白。因此，对于现在的我来说，拥有稳定的报酬比追求高报酬还优先。

回顾自己的投资路，也曾经出现过很多次的高报酬投资记录，有时一买进股票就抓到起涨点，没过几个月就赚了一倍出场，事后回顾那些记录时总会让自己的心飘飘然，走路时下巴都会不小心抬高了些。不过真正让我持续获利且获得可观报酬的投资，还是那些当初用稳健的投资原则所买进的股票，有些在刚开始也许只是个位数的报酬率，但长久下来年化报酬率都达到了两位数，长期总获利明显比短期单笔买进再卖出好很多，而且我也很有信心未来这些投资会继续这样好下去。

然而，追求高报酬率仍是一件吸引人的事，总不能把资金都拿去放在相对稳定但报酬低的定存上吧？而且看着自己的投资资金加速增长带给人的快乐有时是无法言喻的，高报酬也让平凡的生活里拥有美好未来的想象空间。不过在此我要强调，在投资里一味地追求高报酬，就好像一个年收入百万的上班族，只因为梦想住进帝王豪宅，而宁愿每天露宿街头却不去租房子或买房子一样。追求更高的报酬当然可以期待，只是顺序上我们一定要分清楚。

先稳后准是投资的要领

我诚心建议在投资上一定要遵守这个顺序：先求稳，再求准。先达到稳定的获利，再追求高投资报酬。

就好比打一场高尔夫球赛，选手们在场上的目标是用低于标准杆把球打进洞，看着高手稳定地挥杆、推杆把球打进洞就是一种享受，偶然出现有选手一杆进洞时，现场总是响起极大掌声，转播媒体也马上聚焦在那一洞的球道，赛后更是电视精彩重播的保证。然而，一杆进洞总是令人陶醉又激赏，但最后的胜利者依旧是那些用最少杆数，一杆又一杆按照计划把球推进18个洞里的人。迷人的高报酬投资就好比一杆进洞，不过真的要在投资路上走得又长又久成为最后赢家，稳定获利是必备的条件。

总而言之，当你聚焦的点不同，结果就会不同。重点放在追求稳定报酬时，你的投资策略跟心态就会自然跟着调整，等能够赚到稳定的报酬后再来想办法提高报酬率，这道理就像盖房子要先把地基打好，往上再盖高楼自然也就更稳固。

> **富朋友语录**
>
> 投资的世界是，不要去猜它会发生什么，
> 而是在发生后该怎么做。

投资要遵守的 3 原则

有些事情是人一辈子多少都会做过的,从事投资行为就是其中一种。理由很简单:谁不想把手上有限的金钱透过投资来放大?换句话说,谁不想在合情合理的情况下拥有更多的财富?也难怪,许多人在急着拥有更多财富的心态下,没有思索太多该注意的原则就直接去投资。

我对投资行为的定义是:当你把钱从口袋拿出来去做一件事,而且希望能通过这件事让更多的钱回到你的口袋,就是在从事投资行为。常见的投资就是定存、外汇、股票、储蓄型保单与房地产,其他如买卖黄金白银、借贷收利息等,也都是投资行为。在你进行这些投资行为前,有三个原则要特别提醒你。

原则1:要把投资当事业;
原则2:一开始就为最坏的情况做打算;
原则3:绝不借钱投资。

原则 1
要把投资当事业

试着想象一个问题,当一家工厂因为台风而可能被淹时,员工跟老板谁比较高兴?答案是员工,因为不用上班了,但老板应该是紧张到胃抽筋。同一件事不同的人来看,心情跟际遇就完全不同。原因很简单,角度不同在乎的事自然就不同,员工在乎能不能有意外的假期,老板在乎会不会损失金钱,工厂与事业是老板的,老板当然紧张!

同样的道理,当你在投资时,有没有把这件事认真看成自己的事业?相信我,如果你愿意做这种心态的转变,看待投资的角度会完全不同。你不会因为别人说某只股票值得投资就马上把钱丢进股市,你会先分析,至少会上网查看该公司的资讯,才决定要不要投资;你也不会只听保险业务单方面试算保单超棒后就直接购买,你会先索取资料自己详细算过才决定;更不会在房屋中介带你看房时,跟你说旁边的空地要盖百货商场,前面的空地要建高铁,就冲动付了首付款把房子买下,你会去查证真实性才决定要不要买。

如果你把投资看成自己的事业,就会更精打细算地评估每一笔投资,投资报酬当然也更好。

原则 2
一开始就为最坏的情况做打算

我在投资前都会先问自己一个问题："这笔投资最坏的情况是什么？"我并非要豪赌将钱全部押上才思考这个问题，而是我习惯先从最坏的情况开始思考，如果最坏的情况自己可以承担，才会再去想这笔投资合理的报酬与风险在哪里，能赚多少钱，什么情况下应该把资金撤出来。

每笔投资的报酬跟风险是要经过计算后才知道值不值得投入，但重要的是绝不要承担自己负荷不了的风险。"留得青山在，不怕没柴烧。"投资不可能每次都赚钱，甚至先承担一些亏损也是最后能获利的原因，但前提是能撑到最后，如果在到达终点前就把钱烧光，甚至要借钱扩大杠杆风险而背下庞大负债，连青山都不在了，哪来的柴可以烧呢？

原则 3
绝不借钱投资

也许你曾听过有人因为借钱买股票而获利可观，但你要知道有更多的人因为借钱买股票而破产。原因何在？因为借钱投资会让你产生非获利不可的压力。

压力在日常生活中会让人焦虑，会让人脾气不好，会让人看不清事实，会让人冲动，这些情绪都是投资股票的大忌。股票买卖是一个需要下决策的投资行为，而且有时会在短时间内就要立即做出买或卖的判断，所以事前的规划策略很重要，如果投资股票时能按照事前规划操作，赚钱的概率就会增加。一旦因为压力而出现上述情绪时，"事前规划"往往被抛到脑后最后变成"事后检讨"，而且就算检讨完下次还是会犯类似的错，因为你没有解决最重要的根本问题，也就是投资时的压力情绪。

股票融资就是常见借钱投资的一种。因为有融资，所以你有不能亏损的压力，你有被追缴不然就断头的压力，此时判断股票情势时就容易走入死角。因为运用融资就不可能看空股市，也等于限制了自己思考的方向。可是股市常会是今天看多，明天变成看空，只允许自己看多常让投资者输到脱裤子。

当然有人会认为就是因为看涨才会融资，不是吗？不过在股市里有一个心理现象是：股票走势会以你想要的方式来呈现。这句话意思是当一个人看多股市时，就会找各种理由来说服自己投资的股票会往上涨；看空时就会找一堆相反的理由来证明还不可以进场投资。

心理学中有个名词叫"视网膜效应"，它的原意是当人有了某种体会时，自己就会强化对这件事的认知度，或是注意到别人身上也有相同特征；最常见的就是当自己或老婆怀孕时，会特别注意到路上好多人也都怀孕，其实只是视网膜效应的影响。在投资股票里我觉得也有类似的心理效应，当判断股市要往上涨时，其实是因为心中想要股市往上涨，所以只看见上涨的优势，却忽略往下跌的劣势。而借钱投资带来的压力，就容易让人产生先入为主的观点，最后投资结果跟预期不同时，就会因非赢不可的压力而做出错误的决策。所以为了能理性判断投资情势，千万不可借钱投资。

掌握好稳健投资的观念及这三个原则，下一篇就要告诉大家如何透过股票工具，建立自己迈向财务自由的根基，完成自动化理财的最后一块拼图！

> **富朋友语录**
>
> 投资不是看你做对几次，
> 而是看你做对多久。

投资 100 元，你也是公司股东

曾有位朋友问："玩股票不好吧？风险那么大！"我听完就知道他对股票有误解，因为投资股票，不是用"玩"的。当下我立即回问："你觉得张忠谋是在'玩'台积电，还是在'经营'台积电？"（举这例子是因为台积电知名度较高，方便讨论）

朋友回："当然是经营，公司怎么可以用玩的？"

我回："那就对了，公司不能玩，股票也不该玩，而是要经营。至少你该用身为公司股东的心态来投资，而不是用玩的心态来买卖股票。"

持有股票就是股东

我常跟朋友开玩笑，当我持有一家公司股票时，我会定时去查看这家公司的新闻。如果看到公司有对外发布政策，就会感到生气，因为身为股东的我竟然没有第一时间被通知！当然这仅止于玩笑，身为外部小股东的我当然不需要被通知，如果真的通知我也太耗费公司资源。但我也借此传达一个观念给对方：当你投资一家公司股票，不论持有的股份是多少，即使是用 100 元购买零股（不足

1000股的股票），都要把自己视为经营公司的一分子，把自己当成公司的重要股东。

把自己视为重要股东的用意为何？因为这样心态上才会用经营者的角度来投资股票。思考一种情况，如果今天你要入股朋友经营的餐厅，你是打算把钱丢进去后就不管，还是希望投资后能够赚更多让荷包满满？当然是后者。你会不会在乎餐厅的来客量？会不会在乎食物好不好吃？会不会在意服务生的态度？当然都会！而且你还会开始计较餐厅何时公休不做生意，是不是有持续赚钱，每季的财务状况是不是正常，主事者用不用心经营。这些你都会在乎，因为你是真的重视这个合伙生意。

既然这样，投资股票为何就不该如此？

当你在公开市场买进股票，对公司而言你是登记的股东，对自己而言就是入股一家公司，在股权关系上跟合伙经营餐厅并没有什么差别。而且一旦你认真地把自己当作公司股东，你会产生一种主事者才有的心态：在乎。你会在乎这家公司的财报，会在乎这家公司的经营方式，你的投资心态会从短期变成长期，如果你买的是一家好公司，赚钱概率也就因你的心态正确而提高。

另外，身为公司股东，你不再只关心每天股价涨跌（你会每天去问合伙餐厅的人今天餐厅的股价是多少吗），也不会一天到晚受市场的假消息摆布；你会更关心公司长远的发展，公司在市场的竞争力，还有长期的获利趋势，将焦点放在真正让你投资获利的地方。

CHAPTER 4　提早 20 年享受人生的稳健投资术

所以，你是个只关注股价涨跌的市场过客，还是一个抱着经营者态度的公司股东？如果你想跟我一样在股市做个长期胜利组成员，从现在开始请转换你的投资心态，把自己当股东，认真看待自己投资的股票吧！

富朋友语录

存钱不存利，赚钱只好靠劳力；
生财又生息，日后才能常休息。

4个问题找出
值得投资的好公司

　　在决定股票价值前，要先知道如何挑选值得投资的好公司。我们先从这个问题思考："赚多少钱"与"赚不赚钱"哪个更重要？肯定是赚不赚钱更重要。因为赚钱是先决条件，之后才能考虑赚多少钱。如果不赚钱（亏损），那考虑赚多少根本没用。这就是我们要先学习如何判断好公司的原因：**好的买进价只能决定你赚多少钱，选到好公司才是赚不赚钱的关键**。判断长期赚钱的公司与不赚钱的公司有多重要？看下面这两家公司的股价图就很清楚了（长期来说股价会间接反映公司获利的趋势）。

▼赚钱公司的股价走势

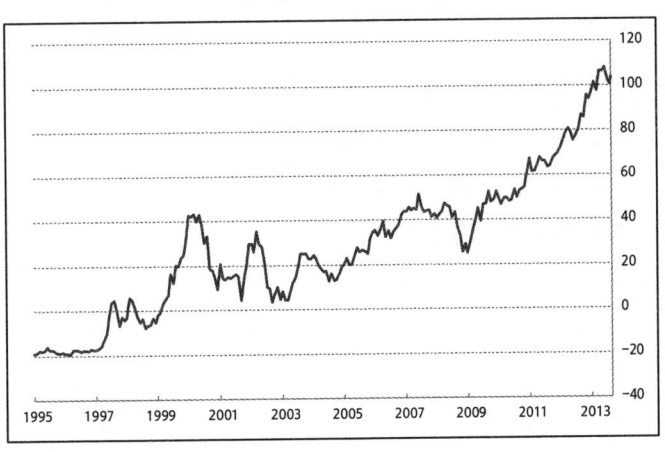

▼不赚钱公司的股价走势

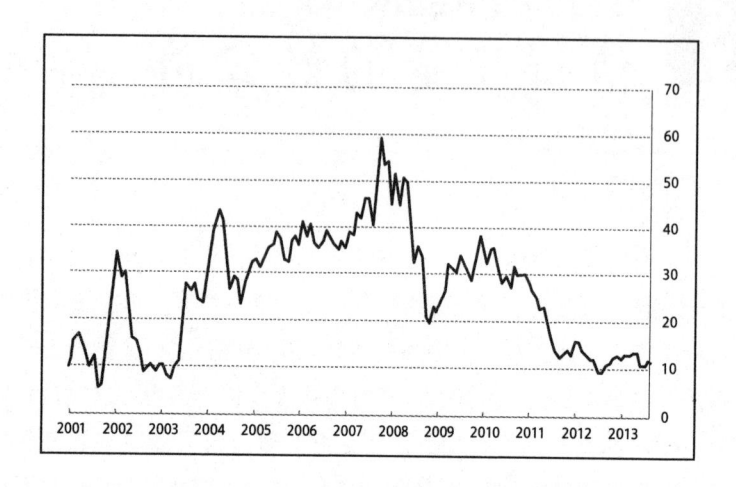

这两家公司的大名先卖个关子，之后我会再提他们，还有两家股价变化差那么大的原因。这里要先介绍选择好公司该思考的四个问题，以及延伸出的策略，长期以来我都是透过这些问题来初步筛选好公司名单，这也是投资股票能让我拥有稳定被动收入的关键。这四个问题分别是：

1. 公司名称是否听过？
2. 能否快速了解公司本业是什么？
3. 公司倒闭的可能性有多大？
4. 公司股价波动幅度大还是小？

公司名称是否听过（这家公司你熟悉吗）？

投资里有句名言："不要把钱投资在不熟悉的地方。"这也是我选好公司的第一步：你有多了解这家公司？有没有听过这家公司？

我们来做个小测验，试回答下列公司有哪些是你听过的。

中钢、台塑、统一超、台积电、"中华电信"、敬鹏、胡连、鼎翰、恒义、佳格

大部分人对于前五家公司应该都不陌生，但后面五家公司就不是很熟悉。当然，这跟公司大小也有关，通常越大的公司在媒体上曝光的机会越多，也就增加了大众的熟悉度。但在这里要强调的并不是公司名气大小，而是该公司经营的本业你是否熟悉。比如，"中华电信"的本业在做什么？我想大部分的人都能回答出跟电话通信、上网有关，属于电信产业；而统一超呢？很快就可以跟便利商店联系在一起，有再做一点功课的还会知道星巴克也是由该集团代理的。

所以一家公司你越熟悉，代表对这家公司的掌握度越足，也就越有机会透过这家公司赚钱。此外，通常一家公司知名度高且在市场上好评度高，即可能在该产业有一定的领导地位。

| 好公司
选股策略1 | 一家公司对你而言，越能快速掌握它的本业越好。 |

能否快速了解公司本业是什么（获利来源简单吗）？

选好公司的第二个重点：公司的获利来源对你而言是不是简单易懂。以统一超为例，7-11是目前全台连锁便利商店龙头，他们的获利方式就是提供消费者各式便利食品、生活用品，你也可以很轻易地根据来客量观察一家店业绩好或不好。反之，胡连的车用电子业务就不是一般投资人熟悉的，这个领域比较专业。我会对这家公司有所了解，是因为过往曾经在车用电子的领域里工作过，所以才有机会比其他人更了解这家公司。

另外，也可以根据市面上常见的商品来思考是哪家公司生产的，比如前面提到的恒义，也许大家对这家公司的名字感到陌生，但说到该公司的明星产品——中华豆腐及中华豆花，几乎就是家喻户晓了，投资者对于公司的获利来源也能有所了解（恒义食品在2013年9月18日正式更名为中华食品，股票名称也变为"中华食"，如此一来也增加了公司与旗下主力产品的相关性）。

> **好公司选股策略 2**
> 公司的获利来源越简单越好。简单易懂的获利来源，同时又具有市场领导地位，该公司的获利稳定性也就相对越高。

公司倒闭的可能性有多大（存活率高不高）？

看到这点你可能会有疑问：投资一家公司当然是想赚钱，考量倒闭的可能性做什么？没错，我们当然不希望买进股票的公司倒闭，但从这个问题我们可以去思考两种可能性来增加获利机会：第一，投资这家公司，最坏的情况是什么？第二，这家公司是否具有长期的市场竞争力？

投资一家公司的最坏情况就是公司下市或倒闭，自己手上的股票变废纸，投资价值成零。所以这个问题就是要我们思考，手上股票变成"废纸"的可能性是高到吓人，还是低到不可能。以台积电为例，想想看，这家公司若因为营运不善而下市是什么恐怖情况？应该是恐怖到极点了吧！因为台积电目前是晶圆IC的世界级领导厂，若因经营不善倒闭或下市，代表全世界的经济应该是差到不行，合理推论，那时其他家公司也不会好到哪里去，搞不好比台积电先下市。

从倒闭的角度还可以再延伸想，如果这家公司倒闭的可能性低，那存活率是不是就比较长久？而公司存活得越久，投资赚钱的时间就可以越长。

好公司 选股策略3	好公司的倒闭概率要很低，除非整体市场发生大规模的衰退萧条，就算如此，好公司应该也能存活下去。

公司股价波动幅度大还是小（该产业的获利稳定吗）？

长期来看，股价会反映公司获利的情况，所以我们从历史股价的长期波动情况，可以看出该公司及所属产业获利的稳定性。以"中华电信"为例，因为它是台湾省内电信业龙头，而且早期电信业开放民营前，台湾的电信线路、硬件设备几乎都是由"中华电信"所架设，这个难以取代的优势让该公司到现在获利都是在稳定中向上。

如果从产业面来看，不论是以往的家用电话，还是现代的智慧型手机及室内上网，都一直是生活基本需求，加上电信业是一个国家内需产业，没有外来国际公司的竞争，所以身为此产业的龙头获利也就稳定。

▼"中华电信"股价除权后走势稳定向上

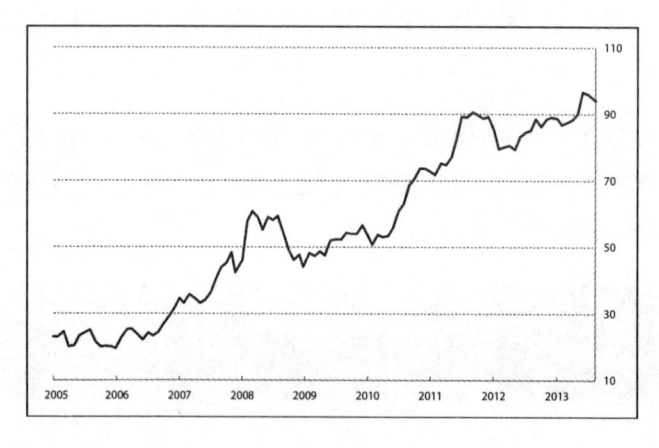

相较之下，生产手机的宏达电面对的情势就不同，因为手机产业需要跟其他世界级公司一起竞争（如苹果、三星），加上消费

者喜欢追求最新的 3C 产品，所以在这一领域要长期、稳定获利难度很高，反映出来的股价也就容易大起大落。这点就算是近年靠着 iPhone、iPad 独领风骚的苹果公司也一样，股价因市场对新产品的期待而上涨，过一阵子又因对手推出新手机侵蚀获利而下跌。

▼宏达电股价除权后走势起伏较大

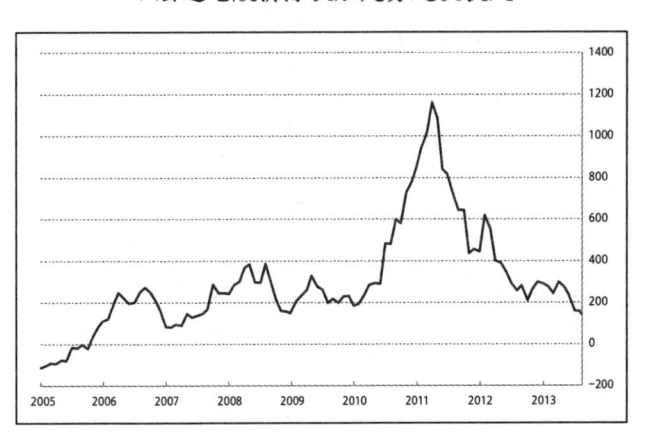

因手机产业竞争激烈，所以宏达电股票走势起伏较大，前景好时股价大幅上涨，不如市场预期时跌得也深。相较之下，中华电信的股价走势就稳定许多。

> **好公司选股策略 4** 公司所处的产业获利越稳定越好，除了从产业面来分析，从公司历史长期股价波动也可观察出来。

有了这四个好公司选股策略，接下来是不是就要估算公司价值了？还没有，因为要找出好公司我还会检视一个指标作为选股策略5，这个指标非常重要，所以我要用单独一篇来说明。

检视好公司的财务指标：ROE

股票投资可以检视的财务指标有很多，其中 ROE 是我认为最能分辨公司获利体质的指标，也是在经过前面四个选股策略后要再检视的第五个策略。至于 ROE 为何那么重要，这必须从 ROE 的公式开始了解。

ROE 指标对股东的真正意义

ROE（Return On Equity）又叫股东权益报酬率或是净值报酬率，是分析股票价值的财务参数。听起来好像很难懂，有些人看到股东权益这四个字看不懂就不想看了，但它在股价分析上是很有帮助的参数，在这里我会用浅显易懂的方式解释，相信你听完就会对 ROE 不陌生了。在说明 ROE 之前，先来介绍 ROE 的兄弟 ROI，它跟 ROE 长得很像，但比较容易让人理解。

ROI（Return On Investment），讲白了就是投资报酬率，更白话点就是出钱投资可以赚回多少钱的比率。比如，你去夜市花了 40 元买鸡排，回到住处正准备大口咬下时，隔壁室友小华因为肚子饿到受不了，提议用 45 元买你手上那块鸡排，你心想其实自已也没那么饿就卖给他了。所以你因为一买一卖这块鸡排赚了多少钱？5 块钱。这块鸡排给你的投资报酬率就是 12.5%。

5 ÷ 40

= 12.5%

ROI 投资报酬率就是这么简单，你拿出多少本钱，之后赚回多少，两者比例就是 ROI。

$$ROI = \frac{赚到的钱}{投入的本金}$$

那么 ROE 呢？差一个字其实并没有差很多，ROE 中的 RO 与 ROI 中的 RO 意思相同，两者差别就在那个 E，也就是股东的权益（Equity），是指股东出资投资的本钱，代表的是股东在公司资本里的权益。下面我举个例子就能了解。

花花今天想开一家饮料专卖店，她找了小黑做股东一起投资经营，两人合力拿出 100 万元作为开店资金。开店第一年运气不错饮料店马上赚钱，前前后后扣除开销一年净赚 20 万元，那么这整家店的 ROE 就是 20%。看到这里你有没有发觉，ROE 不就跟 ROI 一样吗？是的，目前为止都是一样，因为原始开店的 100 万元全部由花花与小黑自掏腰包投资，所以属于股东自有资金，ROE 当然就是 20%。

$$ROE = \frac{净利}{股东投入的本金}$$

经过第一年的开店经验，他们决定开第二家饮料店，开始要搞连锁了！此时花花、小黑打算跟银行贷款 100 万元来开二号店。到了第二年年底结算获利，一号店仍然净赚 20 万元，二号店净赚 15 万元，此时整个饮料店的 ROE 是多少？答案是 35%，比第一年上升 15%，ROE 上升是因为二号店的资金并非股东自己出，而是跟银行借来的，所以原始股东投入的资金仍然是开第一家店的 100 万元，不过因为多了二号店赚到的 15 万元，所以此时 ROE 就是：

净利 ÷ 股东投入的本金
= （20 万 + 15 万）÷ 100 万
= 35 %

这样了解 ROE 是不是比较简单？**在分析一家公司的股票价值时，考量 ROE 就是在看一家公司能够帮股东口袋赚进多少钱。**

这是一个非常直觉的想法，因为如果要你出钱投资做生意，最重要的考量是什么？就是能不能把钱赚回来，营收、人力开销、物料开销都很重要，但绝对不会比能拿回多少钱进口袋还重要。同样，一家公司的股东也是考量这个，自己出多少钱能赚回来多少。

除了股票，ROE 也可以用在房地产投资上，房地产投资一般会需要用到银行贷款，所以 ROE 就是看一个房地产物件相对于出资本金的报酬率。比如，要买一栋 500 万元的房子，跟银行贷款 400 万元，100 万是首付款（你出的资金），然后你把这个房子以每个月 3 万元的价格租给别人，每个月租金扣除杂费、税金、缴贷款等还有 5000 元的净收入（真正进到你的口袋），一年下来就有

6万元的正现金流收入，所以这栋房子出租的ROE就是6%。

年度租金收入 ÷ 首付款
= (5000×12) ÷ 1000000
= 6 %

若把这房子以550万元卖掉，在不包含租金净收入的情况下，买卖的ROE就是50%。

房子价差 ÷ 首付款
= (5500000 − 5000000) ÷ 1000000
= 50 %

一家公司的ROE在股票价值分析上很重要，因为你买进一家公司的股票你就是股东，这家公司能有多少的获利进到你口袋，当然就是要看ROE了。

小心高 ROE 是来自过度举债

ROE 虽是衡量公司运用股东资金效率的指标，不过让公司获利的营运资金也可能是通过举债而来的。简单地说，在获利不变的情况下，运用的资金来自举债越多，代表来自股东的资金就越少，计算出来的 ROE 当然就会增加。如同前例花花与小黑合开的饮料店，就是因为运用贷款而提升 ROE，如果换成两人出的自有资金降为 50 万元，剩下 150 万元都是贷款，ROE 将提高到惊人的 70%，只是财务杠杆的风险就会变得太高。

也就是说，若一家公司是靠着大量举债来提升 ROE 时，公司营运上反而存在高财务杠杆的风险，经济好时会因举债而大赚，经济趋缓或下滑时，就会因债务利息而拖累营运，甚至因此倒闭。所以在判断 ROE 时，还需要留意公司是不是因为举债过高才维持高 ROE。

> **富朋友语录**
> 投资理财就像坐上载满人的拥挤火车，
> 过程虽然辛苦，一旦抵达目的地下车，
> 就会感受自由带来的美好。

稳定的 ROE 等于获利翻倍

在好公司选股策略篇开头,我对照过两家股价波动差很大的公司,这两家公司就是台积电与友达。而他们股价表现会差别那么大,从两家公司的 ROE 就可观察出来,台积电的 ROE 相对稳定,友达则不稳定。这里重新检视这两家公司近年 ROE 与股价图。

▼台积电与友达近年 ROE 比较

单位:%

年度	2007	2008	2009	2010	2011	2012
台积电	21.99	20.70	18.27	30.11	22.21	24.45
友达	21.24	7.21	- 9.49	2.66	- 24.40	- 29.08

CHAPTER 4　提早20年享受人生的稳健投资术

▼ ROE 较稳定的台积电

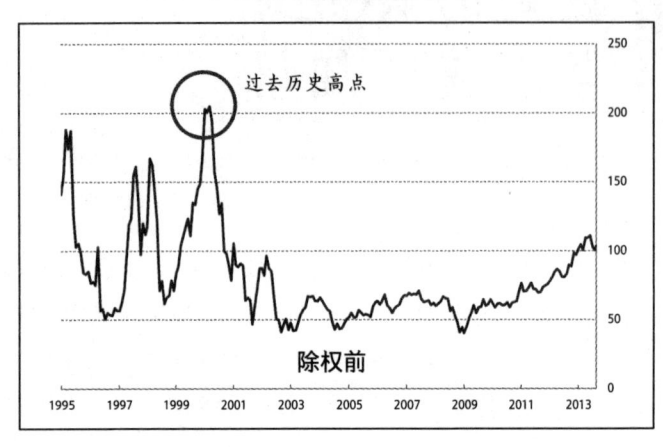

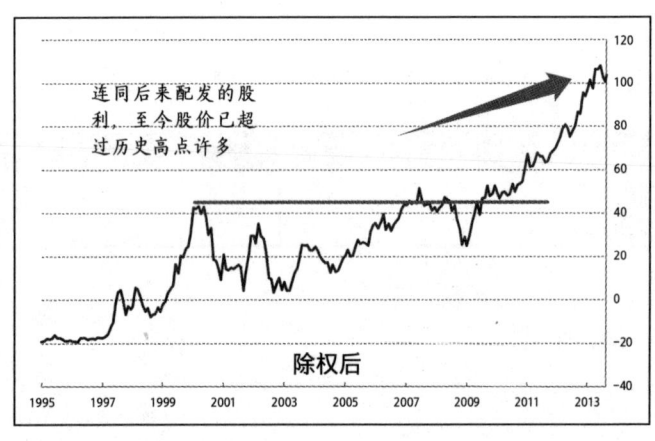

除权前

过去历史高点

除权后

连同后来配发的股利，至今股价已超过历史高点许多

稳定的 ROE 等于是获利翻倍

▼ ROE 较不稳定的友达

除权前

除权后

从两家公司的股价图可以看到，如果投资在 ROE 较稳定的台积电，就算进场价位是在公司过去股价历史高点，随后股价下跌后被套牢，但随着公司一直稳定地赚钱及配股配息，股价后来还是能

187

逆转胜出，包含配发股利后的股价已涨超过了之前历史高点。但如果是投资在 ROE 较不稳定的友达就没么好运，从图中看到包含配发股利后的股价仍然低于历史高点，如果是在该公司股价历史高点进场，至今投资还是一直被套牢。

ROE 倍数

ROE 是计算股东资金的投资报酬率，所以如果把每年的 ROE 相乘起来变成 ROE 倍数，就可检视某段时间内公司运用股东资金的获利能力。下表以"中华电信"、中钢、友达及亿丰公司来做比较。

▼"中华电信"、中钢、友达、亿丰各年度 ROE

单位：%

年度	2006	2007	2008	2009	2010	2011	2012	ROE 倍数
中华电信	11.12	12.22	11.78	11.73	12.99	12.97	11.05	2.21
中钢	19.39	22.95	9.54	8.41	15.08	6.94	2.07	2.19
友达	4.70	21.24	7.21	-9.49	2.66	-24.40	-29.08	0.68

年度	2002	2003	2004	2005	2006			ROE 倍数
亿丰	28.39	34.58	17.57	20.78	22.19			3.00

ROE 倍数算法：以"中华电信"为例，2006 年的 ROE 是 11.12%，该年相当于投资 1 块钱连同本金收回 1.1112 块钱，以此类推，2007 年为 1.1222、2008 年为 1.1178……最后把这些数字相乘即为表中的 ROE 倍数。

前面提到"中华电信"目前是内需型电信业的龙头股，而现在大众打电话、上网就如同用水用电般，可说是民生必需，所以表中可见 ROE 一直都很稳定，七年下来 ROE 倍数为 2.21 倍，也就是公司运用股东的钱在七年内赚了 221% 的报酬。而中钢这七年来的 ROE 倍数跟中华电信差不多，不过因为中钢所属的钢铁产业明显受经济循环影响，所以在 2006 年、2007 年时 ROE 都很好，2008 年全球经济反转往下时，ROE 就跟着下降；相较于"中华电信"，中钢的 ROE 就不稳定。至于液晶面板产业的友达不只受消费经济影响，还要跟其他国际企业一同流血竞价抢市占，所以长期的 ROE 是忽高忽低，甚至在 2009 年、2011 年、2012 年还亏损，ROE 变成负值，七年下来的 ROE 倍数只有原本的 68%，等于股东投资的钱逐渐亏损掉了。

至于亿丰，眼尖的你会发现计算的年度与上述三家公司不同，是从 2002 年开始计算，到 2006 年后就没有数据，原因是这家公司在 2008 年时就下市了，不过可不是因为表现太差而下市，是因为太赚钱而被外资给并购，成为不公开发行股票的公司。

亿丰这家公司在当时是全世界百叶窗的领导厂商，在北美市场占有率很高，所以在股市里一直是长期获利的资优生。从公司被并购之前所公布的 ROE 就可观察到，这家公司的获利能力很不错，除 2004 年其余年度 ROE 都在 20% 以上，光这五年的 ROE 倍数就接近 3，比另外三家七年加起来的表现都好。我在 2006 年时发现亿丰符合选股策略时就进场买，持有不到两年公司就被外资溢价收购（溢价指公开收购价比当时股价还高），虽然因此少了一档好公司可投资，不过也让我在 18 个月内获利丰厚，这笔投资至今仍让我印象深刻，可以说是回味无穷。

常见的股票投资偏见，先搞懂才会赚

关于 EPS

偏见：EPS 有成长就是好公司？
事实：EPS 成长是应该的，还要看经营有没有效率。

EPS（Earning Per Share），中文习惯称"每股盈余"，指公司每年的盈余除以流通在外的股份，是股票投资中常被检视的指标之一，通常用来衡量公司的获利能力。那为何 EPS 成长是应该的？

举例来说，如果今天你把钱定存在银行一年，隔年领到利息你的存款就会变多，你会觉得那家银行就是超棒的银行吗？不会吧！定存一年生利息，存款本来就应该变多。公司每年的盈余也是，因为大多数企业不会把当年全部的获利以股利方式分配给股东，会保留部分盈余作为往后年度的资金运用，所以在隔年公司营运资金变更多的情况下，盈余及 EPS 跟着成长是合理的事。

另外，因为物价上涨已经是常态，所以企业获利能够随着物价上涨而获利上升才是好公司，代表这家公司有市场定价的强大竞争能力；好比麦当劳的汉堡若涨价，门市也不会空无一人，或许短期内来客量会减少，不过当消费者习惯调涨后的价格，想去吃的还是会甘愿走进门。

所以 EPS 成长不代表就是好公司，更别说是在财报上动手脚让 EPS 虚增的公司。重点要看公司经营效率，企业主如何运用保留未发出去的盈余，让公司与股东赚更多的钱。

关于摊平

偏见：股票下跌就加码摊平，涨回来就解套？
事实：如果口袋不够深，是被套牢而不是摊平。

"摊平"，意味着在高点买入股票，日后股票跌到低点时再进场加买，持股总成本就降低。例如，一档股票在 20 元时买进 1000 股，后来下跌到 10 元再买进 1000 股，持股成本就变成 15 元，原本要等股票从 10 元反弹涨到 20 元才是解套，摊平后股票只需从 10 元涨到 15 元就解套。但毕竟这是假设股票能反弹回来，万一股票没有那么快反弹呢？这真是在进场摊平前要认真思考的事呀！对我来说，摊平的重点不只是以更低的价位进场，更是在于你口袋里准备了多少钱。

以巴菲特来说，只要他相中一支好公司股票，他很乐意见到公司股价下跌，而且跌越多他越高兴。为何？因为他可以用更便宜的价格买进，持有这家公司的股票成本也就越来越低，从这点来看，他是对这家公司的持股做摊平的行为。不过换作一般人来执行可就不一定是在摊平，因为如果股价一直跌，你也一直低接摊平，接到你手上没有资金可以再进场时，或是你开始害怕股价跌到更深、亏得更多不敢进场，那一瞬间你就再也不是在摊平，而是被套牢。

摊平跟套牢就是那么一线之隔，巴菲特之所以能够一直低接，就在于他手上的现金几乎用不完，所以他确实是在摊平。反观多数人都认为自己是在摊平，其实很可能只是做最后的挣扎，一旦手上的资金用光，那就是完全被套牢了！

关于存股

偏见：高股息的公司最适合存股？
事实：股息不一定要高，小心存错股。

近年来股票市场流行"存股"一词，感觉投资股票就像把钱定存在银行一样，享受长期投资的好处。通常我对市场流行的投资概念会特别谨慎，会试着了解其中的好处，小心检视其中的陷阱，因为投资不需要跟随流行，而是要稳健执行正确策略。用"存股"一词确实是不错的方法，让人快速了解长期投资的好处，不过随着这个名词越来越红，媒体及有心人士也开始利用这一个名词炒热投资市场，间接让不少人走入错误的投资观念。

首先我们要搞清楚"存股"两字的定义，到底是指定存股（名词）还是把股票存起来（动词）？切记不要随市场起舞，因为"存股"两字火热而跟着一头热，媒体给了它好听的名字，但也让更多有心人利用它来炒作股票，反而误解投资方法。所以重点是在方法、在策略，而不是单纯追求"存股"两字。

另外，市场有时会鼓吹高配息公司就是好的存股对象，如果是持续 3～5 年以上的配息那就更好，但我要说这还只是部分条件符合，不代表就是值得存的股票。例如，公司能否在竞争市场持久经营？如果公司市场竞争力够高，年年都赚钱而且经营效率也高，就算发出的股利股息比例不高，仍有机会可以长期持有。反之，如果该公司的产品市场竞争力不足，即使发出来的股利股息比例很高，也不代表适合拿来长期投资。

关于股息值利率

偏见：发放股息比例越高，公司就越好？
事实：要小心是不是打肿脸充胖子。

有些媒体喜欢用当年度的"股息值利率"（股息与股价比率）来衡量一家公司的好坏，认为高于银行定存利率越多就是越值得买进的股票。然而，有些公司为了维持稳定发股息的形象，把过去未发出的盈余在当年度发出来，造成就算公司当年度没赚那么多钱仍有高股息可配发。其中有的公司可能是策略运用，但也有可能是公司经营者想打肿脸充胖子，在市场上维持发股息的好形象，投资时不可不察！

当然，用过去赚来的钱配当年度股息并非无理，只是这样做投资人必须思考，公司是因为想要提高股息的比率来吸引投资者买股票，还是因为公司运用不到这些资金所以发还给股东？甚至再进一步想，如果公司能够将保留的钱做更好的营运投资，那为何要配发出来？所以关键还是在公司处理保留盈余的出发点在哪，而不是只看到公司配了很多股利就认为是好公司。

另外也要提防公司在往年不赚钱时股利配发很少，却突然在某年发放高额股利，原因可能是前一年度处理公司名下资产的暂时性获利，或是以左手进右手出的方法把资本公积拿出来发放，虽然配发高股利会引起市场注意使得股价短期上涨，不过获利并非来自公司本业，所以成长不可能持久，也许隔年又会再度因不赚钱而没有股利可发放，股价也因此下跌，当时被高股利而吸引进场的人就被套牢了。

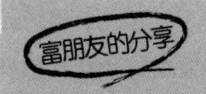

富朋友的分享

何谓资本公积？

一般是指超过票面金额发行股票所得的溢额。比如，一档股票每股增资30元，股票面额依规定登记每股为10元，多出来的20元即转为资本公积记录在股东权益里。一家公司用增资的资本公积来配发股息形同把股东的钱退还而已。

关于新股

偏见：新股上市都有甜蜜行情可赚？
事实：甜蜜行情有，不过那是对原始股东而言。

宸鸿股票在 2010 年 10 月 29 日挂牌上市，上市前新股的承销价为 220 元新台币，结果挂牌当天以 500 元新台币的股价开盘，抽到股票的人现赚 28 万元新台币。原以为股价会因上市挂牌的利多出进而开始盘整或下跌，没想到宸鸿夹着新一代股王候选人的气势，股价一路往上创新高，到了隔年股价甚至来到 982 元新台币，不到一年，股价上涨近 500 元新台币，让这段时间勇于买进宸鸿股票的人都荷包满满，当然提前卖出的人就只能大叹可惜！由此来看，新股似乎真有种气势让股价高涨，加上市场尚不熟悉新股的股性，自然就对有赚钱题材的新上市公司充满无限想象。然而，新股是否真的这么好赚？

王品集团股票在市场一片看好食品股的情况下，2012 年 3 月 6 日挂牌上市，当天最高点为 501 元新台币，不到一个月股价最高曾来到 517 元新台币。不过市场对王品的获利似乎不如宸鸿来得有信心，之后王品的股价不断往下探底，最低来到 400 元附近，等于投资每股股票让人少吃好几次王品牛排。虽然王品集团是台湾食品及观光业中赚钱的公司，未来股价也许有机会回升，不过从上市初期的股价表现来说却不如宸鸿威风。以此来看，投资新股又是充满着风险的。

所以，新股到底值不值得投资？我觉得透过数字来说话最清楚。我以新股上市后两年的获利表现做判断，追溯2010年、2011年挂牌的新股，去除国外上市公司存托的股票（TDR）、上柜转上市及改名重新挂牌的公司，剩下的49家公司中，上市后两年平均每股盈余（EPS）较上市前一年衰退的有36家，衰退比例高达七成！可见这些新股不只不新鲜，还让投资的人"心"情跌到低"谷"！

除非你有非常大的把握选到上市后还能赚钱的公司，而且挂牌时的股价不会因市场气氛造成股价虚涨（通常是一定会的），不然在新股上赚到钱的难度相对较高，一般人更是绝对不要尝试投资新股。

挖掘好公司的价值公式 1
平均值利率估价法

经过好公司选股策略的筛选后，接着就要决定股票的价值和进场买股的时机。而我将分享两个常用的估算价值公式，只要学会这两个衡量股票价值的方法，搭配前面好公司选股策略，你也能安稳赚取投资型被动收入。

第一个价值估算公式非常简单，照着以下步骤及公式，用一般的计算器就可以算出来。

$$好公司价值 = \frac{年平均现金股利}{预期报酬率}$$

平均值利率估价法 4 个步骤

步骤 1　查询该公司现金股利平均值

先把挑选出来的好公司过去 5～10 年所配发的现金股利查询出来，然后取现金股利年平均值，这就是预期投资该公司往后平均每年能得到的现金股利。

步骤 2 设定预期报酬率

设定你心中想要的现金股利值利率（也就是预期报酬率），好公司长期来说 4%～8% 为可预期。

步骤 3 用预期报酬率与过去年平均现金股利回推公司价值

步骤 4 耐心等待好公司价值浮现

下面以 C 公司为范例。首先我们要知道待估算公司的历年现金股利，资料在公司官方网站或各大财经网站都可查询得到。下表为假设 C 公司从 2006 年到 2012 年的股利发放情况。

▼ C 公司历年股利政策

单位：元 新台币

年度	2006	2007	2008	2009	2010	2011	2012
现金股利	3.56	4.15	3.72	4.16	5.62	5.58	5.27
股票股利	1	2	1.1	0	0	0	0

步骤 1 计算七年的现金股利加总为 32.06，平均值就是 4.58。

步骤 2 预期报酬率会依个人设定而不同，在此以 6% 来举例。

步骤 3 将年平均现金股利与预期报酬率代入公式计算出公司价值。

4.58 ÷ 6%
= 76（小数点后第一位四舍五入）

步骤 4 耐心等待股价来到 76 元新台币以下时，就是预期价值浮现的时候。

　　看到这里，或许有些人会开始存疑：真的那么简单就可以决定股票价值？通常我跟别人分享这个常用方法来估算公司价值时，对方都会惊呼："这也太简单了吧！"其实在我看来，并不是方法太简单而不实用，而是外面有太多的资讯误导我们，以为投资就应该很复杂，投资评估就是要很专业的估算才叫投资，像这种简单就能理解的方法反而被人忽视。长期以来，我就是用这样的方法来评估我选定好公司的价值，这也让我在日后舒服地享受不需要看盘，财富仍稳定增长的好处，前提是依照好公司选股策略，评估公司能够拥有稳健获利的优势，用这样简单的计算方式就能衡量公司价值是否被市场低估。

　　再有，这个方法对追求动辄 20%、30% 或 50% 极高报酬的人产生不了吸引力，每年预期平均 4%～8% 的报酬率没办法吸引这些人。不过别忘了我们要的是稳健的投资获利，追求的是让自己财务自由，那就不该心里只想着高报酬率而忽略长期稳定的条件（还记得复利的两大关键吗）。总不能今年因为报酬率高实现财务自由，明年报酬率变低或是有亏损就又要回去上班吧？况且因为选定的股票都是符合好公司的条件，所以未来配发的股息有可能比过去十年均值还高，股价在日后就有可能涨超过自己设定的价值。

所以，股票投资真的很难吗？有时真的是周围充斥太多资讯，结果自己就把它想难了！

挖掘好公司的价值公式 2
预期 ROE 估价法

遇到真的要多计算才安心的人,这里要介绍我用来评估股票价值的另一个方法:预期 ROE 估价法。观念跟平均值利率估价法类似,不过需要先了解 ROE 跟公司价值的对应关系。

$$好公司价值 = \frac{ROE \times 每股净值}{预期报酬率}$$

由 ROE 与价值关系式可知,只要知道 ROE 与每股净值,并设定好自己预期的报酬率,就可以计算出预期公司价值。

预期 ROE 估价法 4 个步骤

步骤 1 查询选定好公司的过去 ROE,取 5 年以上平均值。

步骤 2 将近 5 年平均 ROE 乘上最新财报年度的每股净值。

步骤 3 用步骤 2 计算结果除以预期报酬率计算公司价值。

步骤 4 耐心等待好公司价值浮现。

同样以 C 公司为例，下表是假设其近年的 ROE。

▼ C 公司近年 ROE

单位：%

年度	2007	2008	2009	2010	2011	2012
ROE	12.11	11.01	12.41	12.88	12.67	11.65

步骤 1 计算 C 公司过去六年的 ROE 均值是 12.12%。

步骤 2 2012 年 C 公司的净值约为 3699 亿元新台币，股本约为 77.57 亿股，换算每股净值约为 47.68 元新台币。与 ROE 相乘结果为：

12.12% × 47.68

≈ 5.78（小数点后第三位四舍五入）

步骤 3 预期报酬率会依个人设定而不同，在此以 6% 来举例，推算公司价值为：

5.78 ÷ 6%

≈ 96（小数点后第一位四舍五入）

步骤 4 只要 C 公司股价在 96 元新台币以下，就是预期价值浮现的时候。

然而，你现在应该发现一个问题，怎么同样是对 C 公司估价，两个公式的计算结果却不同，还差了 20 元新台币之多？如果单从财务面来说，平均值利率估价法是从现金股利去估算，预期 ROE 估价法是从公司净利去估算，因为现金股利是从公司净利里分配出来，所以在两者设定预期报酬率相同的情况下，前者估算价值比后者来得低。

另外，评估股票价值时还有一个重要观念：一档股票的价值在每个人心中不会完全相同，不同的人评估，或是用不一样的评估方式，算出来的股票价值都不一样。以我自己的经验来看，一家公司的股票真实价值没有人可以说得准，也很难算出市场上给予该公司的最终价值。巴菲特也曾针对公司价值的衡量方式发表过言论，他说每次在计算要买进公司的价值时，他与合伙人查理·蒙格（Charles T. Munger）所认定的价值通常都不一样。

但是否这样我们就不需要做公司价值判断？当然不是，而是要对股票价值与买进价报以正确的心态：**公司价值只能当作股票买进价的相对参考，而不是作为绝对买卖的准则。**也就是说，知道如何推算公司价值能够帮助自己判断现在的股价是偏高还是偏低，并不是说公司真实的价值就一定在那。相较于报纸杂志或是市场"老师"所提供的股价买点，经由自己评估计算的参考值更有根据。

只是为了降低估价上的误差，投资好公司股票时最好还要配合"打折"的时机点进场，让自己的投资获利更有保障。

好公司趁打折买，开心领股息一辈子

定期检视股票投资记录是我的习惯，我可以从中回顾自己何时正确地买进，检讨投资结果，作为下次投资的修正参考。当投资经验越多，检视的记录也变多时，我慢慢发现一件事：大部分让我获利较高的投资，都是在市场发生恐慌下跌时进场买的股票。换句话说，好公司的买点在此时特别容易浮现出来，而且股市跌得越凶，就有越多便宜可以捡。一旦发现原来在股市打折时买股票的投资绩效，跟平常花时间看盘的成果差不多，甚至更好时，我就开始决定把投资重点策略放在打折时进场捡便宜。

趁打折捡便宜，一次投资抵过十次进出

不论是公司基本面好坏而影响股价，或是媒体消息面影响股价，股票市场一直都处于上上下下的状态。偶尔发生足以影响市场下跌的事件，股价更是会连锁反应一个接着一个跳水，此时大跌后的股市就好像百货公司打折，好东西也会跟着变便宜。像进入21世纪的头十年就非常精彩，2000年美国网络科技股的泡沫、2003年的SARS事件、2008年因次贷危机引起的全球金融危机，都硬生生把股价由上往下拉到谷底，当时市场一片哀号，许多人因此赔

掉不少钱。不过这时反而是有耐心的人出来接礼物的时候,虽然股价处在低点,但好公司也因股价打折而低于平常买点很多,而且好公司因为体质优良,短期的市场动荡并不影响公司的长期竞争优势,所以事后股价回升时报酬就很可观。

▼ 2000 年到 2010 年大盘发生三次大幅下跌

股市打折时进场多有利?以下将列举三种不同产业与股票属性的公司来模拟报酬率,三档股票分别是钢铁股 C、晶圆股 T 以及超商股 P。

▼ 2000年科技股泡沫买进报酬率（含除权息）

公司	模拟买进时间	2013.07模拟报酬率	年复利报酬率
*钢铁股C	2001.09 至 2001.11	94%	5.68%
晶圆股T		688%	18.77%
超商股P		2339%	30.50%

* 在此只有钢铁股C不是用还原权值的股价计算，因为在经过多年除权息后，2001年模拟当时的钢铁股C股票成本已低于零，也就无法计算报酬率。实际的报酬大于表中数字。

▼ 2008年金危机买进报酬率（含除权息）

公司	模拟买进时间	2013.07模拟报酬率	年复利报酬率
钢铁股C	2008.12 至 2009.02	68%	12.16%
晶圆股T		279%	34.48%
超商股P		297%	35.86%

以上两表的模拟报酬率皆以平均价位来计算，实际报酬率会因个人而不同。

从表格的数据可知，在2000年美国网络泡沫股灾期间，晶圆股T与超商股P股价都受股灾影响来到相对低点，若当时买进并持有到2013年7月，模拟计算晶圆股T报酬（包含除权息）获利快7倍，超商股P报酬更高达23倍！换算每年复利报酬率分别为18.77%及30.50%，这种绩效只凭口说一定有很多人不相信。别人投资10年每年都要维持超过20%的年报酬率才追得上来，而你只要在那段时间投资一次，这10年间每晚都能睡得安安稳稳，荷包也能赚得满满。至于钢铁股 C 或许让人觉得获利不够漂亮，不过至今也打败了很多当时的热门股，更不用说除权后当时买的股票早就是零成本，所有的投资本金都赚回来了。另外，钢铁股 C 是市场人称的牛皮股，股价波动低相对稳定，这是一般人没有看见的隐性优势。

时间再来到 2008 年金融危机，若那段时间买进并持有到 2013 年 7 月，持有时间约四年半，三档股票模拟计算年复利报酬率则分别为 12.16%、34.48%、35.86%，这样的投资成绩同样也是让人羡慕不已。

所以，假设这十年间你只进场投资两次，往后的报酬率就可达到如此令人满意的水准。其他时间你仍然正常上班、跟家人相处、假日开心出游，每年固定时间邮差就会寄送公司配发股利的通知单给你，现金股利也会自动进到指定的银行账户。搭配前面所说的自动化存钱系统，这样的投资理财方式，实在是轻松又舒服。

做好准备，股灾随时会来

股票市场很有趣，当大部分人认为股市即将下跌或是要提防股灾时，市场反而会盘整或往上涨；又常常在一片看好上涨的声音中缓缓下跌。其实，股票市场往上或往下并不是单纯透过分析就可知道，更不用说预测股灾何时发生。通常会让股票大打折的股灾，是不会有人知道何时出现的！

那既然无法预测股灾的发生时间，我们该怎么办？**你唯一要做**

CHAPTER 4　提早 20 年享受人生的稳健投资术

的，就是确认股市真的打折时，手上有够多的资金可以进场捡便宜。不然等股灾出现时，手上要现金没有现金，要投资本金又被套在其他地方，或是平常根本没做好这笔投资的资金规划，这样的投资机会对你而言，当然只是一则金融危机的新闻报道而已。

这也是为何本书一开始就告诉你，我们的目标是朝向打造自动化理财系统，因为只要先把存钱系统架构好，每个月就会自动把该投资的钱分配出来存进投资理财账户里，等到好公司的股票出现打折买点时，你就有充裕的资金可以进场。也因为你早就依据功能将各种时机要用的钱分配好，所以你并不会烦恼某笔支出缺钱的问题，如此一来你更有把握投资的资金可以长期待在股市里，有信心等待市场回升，看着好公司发挥它原本就有的竞争力，然后坐收股息与股价的成长。

最后，我想分享一个关于提前准备的故事。

有四个学生不顾隔天考试在外面贪玩一整晚，回到宿舍因为太累所以倒头大睡。因为完全没准备考试，所以隔天早上他们想到一个妙计，把自己全身弄得脏兮兮后去找教授，一脸疲倦地说他们昨晚上山参加朋友的部落婚礼，回程中车子爆胎又找不到修车的店家，只好一路把车推回来，现在完全无法参加考试，希望教授可以通融。

教授想了一下，决定三天后让他们重考一次。学生们非常感谢教授，说他们一定会做好准备。

三天后，四位学生准时出现在教室，教授说因为这次是特别考

208

试，所以要求四人背对背坐在教室角落作答，学生们当然没问题，因为这三天他们已经针对科目做好了万全准备。

当四人移动好座位，教授把考试卷发到他们面前时，四个学生当场都傻眼了！没想到试卷上教授只出了两道试题：

问题1：共乘车子的品牌是什么？（10分）

问题2：哪一个轮胎爆胎？（90分）

（A）左前轮（B）右前轮（C）左后轮（D）右后轮

当初听完这个故事，我获得两个启示：第一，不要说谎；第二，做事要提前准备，如果发生危机更要确认准备周详，因为临时抱佛脚的风险真的太高！所以，当股灾来时，我们都要做好准备，才不会跟财神爷擦肩而过，你说是不是？

下面两个问题提供给大家思考，帮助大家做好准备：

问题1：有没有耐心等股灾来？

问题2：能不能依收入现金流分配计划存下投资本金，在股市打折时让你放心进场捡便宜？

富朋友语录

重点不是你在上一次股灾没买到什么，而是在下一次股灾时你有多少钱可以买。

上涨下跌都放心的投资策略

从 2007 年美国次级房贷危机开始,一直到 2008 年雷曼兄弟银行倒闭引起的全球金融危机,其间我一直关注股票市场会不会出现我所谓的打折机会。果然,许多好公司的股票在那时都出现了值得买进的价位,除了自己大力买进,我也通知朋友们一同把握这难得机会。其中一位朋友投资属性较保守,以往都只愿意投资风险低的债券型基金,从来没有买过股票,所以对我的建议一开始感到很疑惑。但在听完我的分析后,朋友决定进场投资,买进我推荐的适合他属性的股票。

以现在来看,那时的买进真是太正确了!不过令我意外的不是那笔投资让朋友们每年有近 20% 的报酬率,而是在日后竟然不时地追问我:"股票何时会再跌呀?"看来他们真是买上瘾了!

"股票何时会跌?"投资股票那么久,还真少见过有人跟我一样,自己持有的股票上涨高兴,下跌也开心。也因此,我很高兴让朋友看到稳健投资策略的好处:只要用正确的心态来投资,并不需要在股市追高杀低也可以有很好的报酬,而且换来的成果更稳健。

还记得我刚开始接触股票的时候，虽然已经对巴菲特的投资理念非常向往，不过同时间我也努力研究各种股票投资的策略，比如技术分析。那时在我大脑里好像有个切换器，当要采用价值投资策略时，我就会以价值投资的角度来衡量股票：看财报、看公司营运绩效、观察公司的商业模式有无竞争力。切换到技术分析脑时，就会拿出股价走势图画线、看成交量、判断股价线型、拿尺在图上找买卖点，相信不少人都有这种透过技术分析找买点的经验。

而且记得那时为了赚波段价差，每到周末我就会坐在书桌前拟订下周的进出场计划。现在回想起来，虽然做波段那段时间让我赚到额外的零用钱，却也牺牲掉不少休闲时间，而且每天都紧盯着股价走势，上涨时就会开心，下跌时就只能绷紧神经，担心自己持有的股票跌破设好的停损价。回想那段股票投资经验，对比现在这种涨与跌都不会影响心情的投资策略，真的是舒服多了。

你是否想过有种投资方式能够让你涨跌都开心？你是否想要在财务自由时，不用担心手上的投资影响生活与心情？我想该是你好好思考这种稳健投资策略的时候了。不为金钱烦恼，不因投资理财而影响自己的生活，我想这才是财务自由真正该有的境界。

不工作，更自由，打造被动收入不是梦

当你开始跟我一样存钱理财已经自动或半自动化，投资又不需要每天看盘、检视绩效时，你会多出很多时间给自己；你可以多陪家人，可以去进修，可以更努力在自己本职工作上，此外你也可以尝试赚取投资以外的被动收入。可惜的是，从小到大我们所受的教育中，对于如何赚取被动收入的知识微乎其微。但毕竟人生只有自己能负责，如果想要在后半辈子过着不被工作与金钱绑住的生活，就该尽早摆脱依靠时间与劳力赚取收入的模式。

前面提过，被动收入是指不需花太多时间（或是初期已经投入大量时间），收入仍然会持续进到你的口袋。"不用做事也会有收入"对被动收入是种误解，如果你周围常出现这种好到不行的赚钱机会，提醒你把眼睛放亮些，看清楚有没有暗藏玄机。再有，被动收入其实也不如想象中的轻松，往往需要长时间地学习，才可以打造出真正稳定的被动收入。

先认清自己适不适合被动收入

电视节目上常看到人力资源专家说，找工作前要找适合自己的工作，虽然我想大部分人工作都是为五斗米折腰，能找到适合自己工作的机会跟看到流星的机会差不多，不过如果是要赚取被动收入的话，适不适合自己还真是很重要。

用"认清"这两个字，是因为建立被动收入的辛苦程度，往往是一开始想象不到的。先不管那些生来就有老祖宗留了大笔房产的人，如果是自己要从零开始建立被动收入，在开始前最好先看产生收入来源的方式适不适合自己。

以当房东来说，表面上看来是每月轻轻松松跟房客收租金，其实背后有一堆杂事是当房客的人无法想象的。比如，晚上要去帮房客通马桶、假日房客冷气坏掉要维修；房客隔三差五跟你玩老鹰抓小鸡拖欠房租；或是突然有人上门要租房子，还要求越快搬进去越好，让人怀疑是正在跑路躲警察。别以为我说得夸张，这些全是房东悲惨实录。如果你原本是期盼可以坐在家里轻松收租金的人，等你遇到这些事情后，可能就会放弃当房东拒绝赚被动收入了。

不过，好在除了做房东还有很多种打造被动收入的方法。我在下一篇将介绍不同类别的被动收入，还有赚取收入时该注意的地方。

没有资本，照样能拥有被动收入

一般来说，被动收入可以分为投资型的被动收入与事业型的被动收入。从字面意思来看，一个就是通过投资理财，一个就是自己创业。广义来说，还可以把被动收入分为以下两个类别。

需要透过资本才可以创造的被动收入。
不需要透过资本也可以创造的被动收入。

透过资本创造被动收入

第一种被动收入来源通常需要有一定的资金，不论是透过自有资金或是贷款。通常这种被动收入的好处，在于你选定目标投入资金后，接着就是等待收入在固定时间进来。比如，用贷款买房子，重新巧手装潢再出租就是其中一种，当你的房客租金大于缴给银行的本金加利息，你就等于打造出一条被动收入来源。另一个例子是花钱购买某家公司的股权，然后领取公司的股利分红，不论是参与私人公司集资，或是购买上市上柜的企业股票都算。

创办公司也属于这一类型，因为创办一家公司初期需要资金，同样也要透过自己出资、向私人筹措资金或是跟银行贷款。第一种被动收入的最大风险是当结果不如预期时，就得面对大笔金额的损失，甚至背上压力沉重的债务，所以对于这种被动收入一定要小心规划，不要想通过一次豪赌人生就从此翻身。赚得慢、赚得少没关系，赚得稳比较重要。

一般透过资本赚被动收入的方式有以下几种：

投资上市上柜公司股票领取股息；
购买房地产出租给别人；
购买债券（或债券型基金）领取债券利息；
在私人公司成立初期成为创始股东；
买下客源稳定、管理良好的商店；
加盟知名的连锁商店然后请员工顾店；
退休养老年金。

非透过资本创造被动收入

第二种被动收入（非透过资本创造）最大优点是不需太多的资金就可以开始，不过需要你用长时间的投入来换取之后的被动收入，最大的风险是忙了大半时间却没有任何回报。

不透过资本赚被动收入的方式有以下几种：

作词、作曲；
发明专利并且变成商业产品；
成立博客、网站赚取收入；

成为产品或是资讯传递的中介；
写一本书出版；
研发软件透过收费机制开放下载权限；
开发产品然后在别的店家托售；
贩售专业（比如将独家食谱授权他人出版）。

循序渐进，被动收入这样赚

1. 先学习

从上面举例中挑出你想尝试的项目，询问周围的人有无类似的经验，有的话就去了解其中所付出的努力。如果没有这些人脉，那你有两种选择：一是放弃，改选别的方式，二是买书研究想办法学习。

2. 多评估

如果是透过资本才能赚到的被动收入，至少得花半年时间每天做研究，研究期间千万不要投入任何资金，因为若没有成果顶多只是花掉时间而已，不至于浪费金钱。有些人会在刚开始看到机会就过于兴奋投入资金，最后失败时就到处跟别人说被动收入就是一场骗局。其实都是因为自己冲太快，没先衡量清楚。

3. 试水温

初期先用试水温的心态开始，等到有成效时再往前多走一步。

比如，投资股票先投入一点资金，等到真正赚到钱时才开始投入更多资金，在赚钱之前仍然要不断充实这方面的知识。

4. 自动化

不论是透过投资理财或是创办事业，需要资金或不需要资金，最终目的都是要让自己能够不需要投入时间而仍然有收入，虽然不可能 100% 不需要投入时间，但要在开始有收入来源时，就先思考如何达到自动化的目标。

别一开始就想辞掉工作

从上面两个广义的被动收入来源来看，被动收入不是需要大笔资金，就是要经过长时间扎根。大笔资金需要先有存款，长时间扎根代表那段时间你的收入会少得可怜，保留一份稳定的工作收入来源才能支撑你完成这些事。以我较熟悉的投资公司股票领取股息来看，如果以保守的股息报酬率 6% 来说，想要一年有 36 万元新台币的股息（一个月平均 3 万新台币），至少要投入 600 万元新台币的本金，而且购买股票不该透过贷款购买，所以这些本金得靠上班工作存下来，如果连税都算进去的话就要准备更多的本金。不过虽然可能要花好多年，但只要想到这些辛苦可以换来财务自由，现在所做的努力都是值得的。

比"如何赚"被动收入更重要的事

想要财务自由，拥有被动收入是很大的决定因素。所以"如何赚取被动收入？"应该是很多人都会好奇的问题。在前面我已经说明几种赚取被动收入的方法，现在要你思考一个比"如何赚"更重要的问题，能不能成功并且持续赚到被动收入，都必须通过这个问题的考验：

你愿意花多长时间来开拓出一条被动收入之路？

为了追求以后不用付出劳力工作，仍然可以有持续性的收入，过着令人称羡的生活，你愿意花多长时间？或者应该说：财务自由值得你拿多少时间来交换？

如果从现在开始跟自己约定，每天花一些时间来开拓你的第一笔被动收入渠道，先不管用什么方法才能赚到，每天就是投入时间做跟开拓被动收入有关的事，直到你成功赚取第一笔被动收入。

"需要做多久？"我想应该有人会这样问。

10年。

"10年后能赚到多少钱？"这个问题也很实际。

每个月1万元新台币。

"啊？才1万元……"肯定有人会这样想。

没错，就是1万元新台币，如果要你花10年的时间去经营，然后赚取这每月1万元的被动收入，你觉得值不值得呢？其实我更想说是赚5000元新台币，只是我怕很多人就此打退堂鼓。

"需要那么久喔……"

"有没有快一点的方法？能不能下个月就赚到？"

"我给你10万元，直接跟我说怎么做比较快。"

上面是我猜测有些人心中会有的小声音，不过如果你刚好这样想，那我觉得被动收入可能不适合你，不然就是心态要调整。

被动收入需要逐步赚来

事实上，不会真的需要10年的时间才能打造一条被动收入渠道，但要多长时间是因人而异的，没有绝对。不过如果你真的愿意付出10年的时间来开拓出一条被动收入渠道，我想没有什么困难可以阻挡你迈向财务自由。更何况1万元是指"被动式"收入，与上班付出劳力赚取的主动式收入完全不一样。想想看，10年后你每月除了上班的薪水，再加上1万元被动收入，生活会快活多少？而且你不用担心这1万元会消失，就算有天你被迫失去工作，这1万元仍然会持续进到你的账户，也可以作为你找到下份工作前的生活费补贴，而且当你外出寻找工作时，不用烦恼这1万元不会进来，因为它是扎扎实实的被动收入。

更棒的是，在你拥有第一笔被动收入后，第二笔就会快很多。假设 10 年后你成功拥有了月入 1 万元的被动收入，可能再过 3 年就又开拓出一条 1 万元的被动收入，再过 2 年又开拓出一条 1 万元的收入，接下来是 1 年 1 万元……接着你就真的可以靠被动收入而实现财务自由。

同时你还赚到一个更重要的东西：打造被动收入的知识。这个知识就像是聚宝盆，几乎是只要你肯付出足够的时间与耐心，你就能产生新的被动收入，差别只在快跟慢而已。

另外，因为你开拓出来的被动收入是稳定的现金流，所以如果你的野心较大想要创办更大的事业也不用担心，因为你有稳定的现金流支撑生活开销，就像在你背后有个有钱的老爸一样，能不断提供生活费协助你创业，你等于不用担心创业失败会怎么办，也因此你更敢放手去闯荡，而这样的成功概率有时反而更高。

然而，有些被动收入看起来好像不用那么久就可以赚到，而且感觉上还很容易，缴了钱马上就可以有被动收入产生。但我可以肯定的是，如果你想要赚的是稳定的被动收入，那就别想走捷径！这种走捷径而得来的被动收入，只会让你刚尝到一点财务自由的感觉时就消失不见。

为什么要花那么久的时间？

如果想要在之后能够不费力地享受，之前的准备时间本来就要够长，才会使能量累积。

以实际例子来看，写一本书就要花不少时间，能够有足够的知识下笔更需要时间；写出一首歌需要时间，学会弹奏乐器更需要时间；成立一家会赚钱的公司需要时间，让公司自动运转更需要时间；架一个网站需要时间，让网站有人气需要更多的时间。以我自己赚取被动收入经验来看，最主要的股票投资被动收入至少花了5年才真正建立完成，其他种类的被动收入也是有只花3个月就开拓成功，只是股票投资被动收入已经几乎不用我再投入时间就有收入进来，而后者每天还是要花一点时间维护。

这就是在赚被动收入前更需要先知道的重要观念，这也是我自己一路走来的经验，在之前我也曾以为赚被动收入就是做这做那、东做西做就好，而现在才知道，更重要的是要有花长时间持续开拓的心态。

所以，你愿意花10年来打造你的被动收入吗？

希望你愿意。

COLUMN 理财练习题

建立个人股票投资 SOP

对于初学股票投资的人，刚开始分析公司竞争力跟价值计算可能会不习惯。不过放心，当初我也是这样走过来的，如今这些对我都如同基本知识般熟悉，所以只要多练习一定会上手。

现在就换你来练习寻找自己的好公司名单，照着以下步骤建立自己的投资组合。

步骤 1 寻找你心中的好公司

依照好公司选股策略篇的四个策略，思考有哪些公司值得你长期观察，并把符合每个策略的原因记录下来。如果一开始不知道如何寻找，可以从书中介绍过的公司着手，写下你认为符合好公司的原因。

回顾过滤好公司的四个选股策略：

1. 公司名称是否听过（这家公司你熟悉吗）？
2. 能否快速了解公司本业是什么（获利来源简单吗）？
3. 公司倒闭的可能性有多大（存活率高不高）？
4. 公司股价波动幅度大还是小（该产业的获利稳定吗）？

列出好公司名单后就好好保存，因为买点通常不会马上出现，有时一家公司入选后要经过两三年才有机会买进。投资组合名单也需要定时做汰旧换新，将自己的好公司名单维持在最新状况。

步骤 2 观察好公司的 ROE 变化

经过四个策略过滤出好公司后，接下来要观察第五个策略指标 ROE。可以到该公司的网站下载官方公布的股利资料及财务报表，将选出的好公司 ROE 查询出来（通常在公司官方首页可找到写有投资人资讯或股东专栏的网页）。下载后观察最近几年的 ROE 是否稳定，并检视公司是否曾经因为亏损而使 ROE 变成负值（如有就先排除在名单外）。

步骤 3 运用好公司价值公式，计算价值基准

利用好公司价值公式 1（平均值利率估价法）跟公式 2（预期 ROE 估价法），作为何时买进股票的参考基准。将计算出来的价值记录在好公司名单中，并定时做价值更新的动作。

步骤 4 等待股市利空消息

一般来说，好公司吸引人的买点不会在大盘趋势往上时出现，所以一定要有耐心等待股价回跌。平时可利用大盘所处位置来判断入场时机，重点是要耐心等待好的买点出现，之后才能安心地享受投资带来的获利。

图书在版编目(CIP)数据

下班后赚更多/艾尔文著.—北京：文化发展出版社,2024.11
ISBN 978-7-5142-4292-8
Ⅰ.①下…Ⅱ.①艾…Ⅲ.①投资Ⅳ.①F830.59
中国国家版本馆CIP数据核字(2024)第027730号

版权所有©艾尔文
本书版权经由三采文化股份有限公司授权
文化发展出版社有限公司
简体中文版权
委任安伯文化事业有限公司代理授权
非经书面同意，不得以任何形式任意复制、转载。

版权登记号：01-2021-2387

下班后赚更多

艾尔文 著

出 版 人：	宋　娜	策划编辑：孙　烨	责任编辑：孙　烨
责任校对：	岳智勇	责任印制：杨　骏	
封面设计：	瞬美文化	排版设计：YUKI工作室	

出版发行：文化发展出版社（北京市翠微路2号　邮编：100036）
网　　址：www.wenhuafazhan.com
经　　销：全国新华书店
印　　刷：固安兰星球彩色印刷有限公司

开　　本：880mm×1230mm　1/32
字　　数：150千字
印　　张：7
版　　次：2024年11月第1版
印　　次：2024年11月第1次印刷

定　　价：49.80元
ＩＳＢＮ：978-7-5142-4292-8

◆ 如有印装质量问题，请与我社印制部联系　电话：010-88275720